高等院校**电子商务类**
"十三五"新形态规划教材 | 电子商务系列

内容电商
运营

文案创作 图文内容 爆款视频 淘宝直播

姚岗 王璐／主编

邓倩 刘璐 王皓 郑颖／副主编

人民邮电出版社

北 京

图书在版编目（CIP）数据

内容电商运营 ：文案创作 图文内容 爆款视频 淘宝直播 / 姚岗，王璐主编. -- 北京 ：人民邮电出版社，2020.8

高等院校电子商务类"十三五"新形态规划教材. 电子商务系列

ISBN 978-7-115-53499-6

Ⅰ. ①内… Ⅱ. ①姚… ②王… Ⅲ. ①电子商务—运营管理—高等学校—教材 Ⅳ. ①F713.365.1

中国版本图书馆CIP数据核字（2020）第037934号

内 容 提 要

内容运营是产品营销和品牌推广的有力工具，内容运营者通过对内容的精心策划和运营，塑造品牌形象，提高产品销量。本书系统地阐述了在电子商务领域，内容运营者该如何利用内容"吸粉"、如何利用内容促进销售的转化。本书主要内容包括内容的定位和规划，图文内容、图集内容、视频内容、直播内容的创作，以及内容投放和内容评价等。

本书内容新颖，讲解透彻，既可作为本科院校、职业院校相关专业的内容运营、新媒体运营、电商运营与管理课程的教材，也可供广大电子商务从业人员参考和学习。

◆ 主　　编　姚　岗　王　璐
　　副主编　邓　倩　刘　璐　王　皓　郑　颖
　　责任编辑　古显义
　　责任印制　王　郁　马振武

◆ 人民邮电出版社出版发行　　北京市丰台区成寿寺路 11 号
　　邮编　100164　　电子邮件　315@ptpress.com.cn
　　网址　https://www.ptpress.com.cn
　　大厂回族自治县聚鑫印刷有限责任公司印刷

◆ 开本：787×1092　1/16
　　印张：11　　　　　　　　　　2020 年 8 月第 1 版
　　字数：245 千字　　　　　　　2025 年 1 月河北第 9 次印刷

定价：39.80 元

读者服务热线：(010)81055256　印装质量热线：(010)81055316
反盗版热线：(010)81055315
广告经营许可证：京东市监广登字 20170147 号

本书编委会

P
前言
REFACE

　　随着智能终端和移动互联网的发展，以及人们物质生活条件的改善，消费者的需求也进一步升级，从"买到"到"买好"，从关注产品本身到享受购买过程，从购买产品到购买情怀、购买体验，从关注产品价格到关注购物场景。消费者对产品价格的关注度逐渐降低，对渠道的依赖度也逐渐降低，转而对商家营销的内容和方式越来越感兴趣，此时，承载一定价值的内容促进了销售的转化，内容运营也应运而生。作为总能第一时间捕捉市场和消费者变化的电商领域，相关从业者也在运营思维上迅速转移了方向，运营战略从渠道转移至消费者，从流量转移至内容，电商迎来了一个新的模式——内容电商。

　　内容运营跟以往简单的引流方式的区别在于"润物细无声"的引流过程，它通过触达目标人群的情感世界，巩固了消费者和商家之间的买卖关系，增强了消费者对产品或品牌的辨识度。可以说，它为商家的推广运营注入新的力量。

本书编写特色

- 任务书式设计，让实操性更强

　　本书框架是基于实操任务式进行设计的，全书共分 8 章。各章的任务书设计来源于内容运营者的工作流程，包括任务背景、任务要求、考核标准、实施过程、成果展示、任务反馈等。

- 系统、全面

　　本书的任务书式设计和知识点梳理均是根据内容运营者的工作内容来设计的，涵盖了从内容定位、内容规划、内容创作、内容投放到内容评价的一系列流程；从内容形式到内容性质，包含图文、图集、视频、直播内容，涵盖了多种内容形式和不同维度的内容创作；从自有平台的内容创作到第三方平台的内容投放，本书系统、全面地讲解了当今电商领域内容运营的知识点。

本书编写组织

本书由姚岗、王璐任主编，由邓倩、刘璐、王皓、郑颖任副主编，杨攀祥等多位老师参与了本书的参写。感谢杭州新娱文化传媒有限公司、重庆奇点电子商务有限公司、百家号"动漫企鹅罐"为本书编写提供的案例。

尽管编者在编写过程中力求准确、完善，但书中难免有疏漏与不足之处，敬请广大读者批评指正，在此深表谢意！

编者

2020 年 3 月

C 目录
ONTENTS

Chapter

03 第3章 内容规划

04 Chapter
第4章　如何进行内容创作

05 Chapter
第5章　图文内容和图集内容的创作

06 Chapter
第6章　视频内容和直播内容的创作

07 Chapter
第7章　内容投放

08
Chapter

第8章 数据分析下的内容评价

01 Chapter

第1章
初识内容运营

【学习目标】

➤ 了解内容和内容运营的基本概念和特征。

➤ 掌握内容的几种常见形式。

➤ 了解内容运营人才的岗位能力要求。

内容，始终未被任何行业轻视过，无内容，不营销。在内容为王的新媒体时代，商家更是需要优质的内容助力自身获得更多的关注，赢取更大的市场份额。内容运营在电子商务领域更是有着重要的意义，它不但是运营产品的重要手段和工具，也是拓展营销市场和提升品牌形象的有力武器。了解内容的概念和特征，掌握内容运营人才所需的岗位要求，是电子商务从业人员的基本要求。

1.1 内容的含义

随着新媒体时代的到来，内容再一次被推上了风口浪尖，谁掌握了内容，谁就赢得了主动权。内容也被电子商务运营领域赋予了更多的含义，成为电子商务运营者竞相争夺流量的重要工具。本章将从电子商务领域的角度分析内容相关的概念和特征，帮助相关从业人员更好地理解内容在电商领域的作用和意义。

1.1.1 内容的基本概念

1. 内容的定义

内容原本指事物所包含的实质性事物或意义，是事物内在因素的总和，与"形式"相对。而在电子商务领域和营销界，内容则是营销和运营的一种工具和手段，是沉淀消费的某种行为，也是营造新生态的手段和过程。内容通过图片、文字、视频或直播的展现形式，将产品或品牌的价值以一种消费者更认可、更愿意接受的方式传递出去。

2. 内容的意义

好的内容能解决心与心之间的交流，分享内心的喜悦，以此获得情感的共鸣。好的内容以其润物细无声的特性，在运营过程中发挥着重要的作用，具有吸引目标消费者、提高消费者黏性、提高产品转化的作用。

流量始终是运营的重要方向，而内容则是吸引流量的主要来源。在互联网高速发展的今天，流量红利在逐渐弱化的同时，消费者的消费模式也发生了明显的变化，从原来的"平台搜索"变成"阅读内容，产生信任，进而产生消费"的模式。于是，内容便担当大任，成为连接消费者和承接平台的纽带，可以为平台、商家和消费者三方带来新的价值。

对于电商平台和商家来说，增加内容可以更好地赋能商品价值，为其带去相应流量。有了流量并不一定能带来消费者的转化，通过优质的、趣味性的内容留住消费者，让他们对该商家的品牌具有一定的忠诚度，也是内容发挥重要作用的方式。西方营销专家的研究表明："争取一个新顾客的成本是留住一个老顾客成本的 5 倍，一个老顾客贡献的利润是新顾客的16 倍。"因此，内容的另一个重要的意义就是留存，提高消费者黏性和忠诚度，提高消费者对品牌的辨识度，为其后续产生二次甚至多次消费做好铺垫。

消费者阅读内容，产生信任，进而产生消费，在这个过程中，内容便发挥了重要的转化作用。购物达人通过对产品专业的介绍和推荐，以内容发布的形式推送给其粉丝，粉丝在对购物达人具备一定信任的基础上，对于其推荐的产品的转化率就相对较高。

1.1.2 内容的分类

一篇文章是内容，一个广告图片是内容，一首歌曲是内容，一部电影也是内容，内容是多种多样的，它展现在读者眼中的形式也是多种多样的。一般来说，按照内容的展现形式，内容可以分为图文内容、图集内容、音频内容、视频内容、直播内容；按照内容的难易和深浅程度，内容可以分为深度内容和浅内容；按照创作内容的目的来分，内容可以分为拉新内容、留存内容、转化内容。

1. 图文内容

图文内容是指将文字与图片进行组合编排，以直观的形式展示商品的主要信息，并营造良好阅读体验的内容形式之一。图文内容是内容电商的常见形式，因其简易的创作过程、舒适的图文结合的阅读体验而得到普遍的应用。在图文内容中，文字能以客观、理性的分析让读者理解内容的内涵，在文字理解的基础上图片更形象、直观，又能带来舒适的视觉感受，帮助读者更好地理解内容。纯文字的内容已经不能满足读者的阅读习惯和阅读爱好了，所以基本上我们见到的文字内容都会插入图片。例如，网店的装修、产品的详情页、广告文案等都属于比较常见的图文内容，如图 1-1 所示。

图 1-1　图文内容

例如，企鹅出版集团推出的《企鹅经典：小黑书》（第二辑）在做图文内容时，以直观简练的文字介绍了本书不同于其他书籍的特色和卖点，用"网红""经典""高品质"等词语成功吸引了读者的注意，并在文末附上购买链接，获得了 4.1 万的阅读量以及近 20 万的销量，如图 1-2 所示。

以图文形式展现的产品内容可以让文章表达的内容主题更加鲜明，突出产品的特点，同时也会提升读者的阅读体验。例如，某美妆品牌的公众号推送的"开启肌肤'无龄'焕变"一文便采用引人瞩目的图片并配以简洁的文字的形式以达到吸引读者阅读的目的，同时可以将流量有效地转换为销量，如图 1-3 所示。

图 1-2 《企鹅经典：小黑书》（第二辑）图文内容

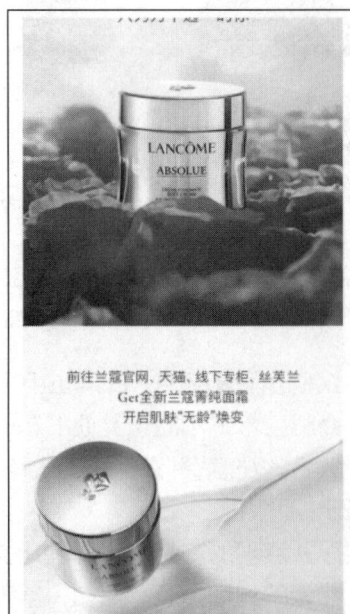

图 1-3 "开启肌肤'无龄'焕变"图文内容

此外，以文字配合图片的形式，可以使产品的信息相对集中，提高准确度，使读者快速定位到自己需要的信息，易于读者阅读。例如，"我为什么要推荐洗碗机？顺手洗洗不就好了吗？"是公众号"装修 33 天"推送的一篇推荐洗碗机产品的文章，以图片形式直观准确地展示了某品牌洗碗机的特点，并用文字引导读者进行购买，如图 1-4 所示。

图 1-4　"我为什么要推荐洗碗机？顺手洗洗不就好了吗？"图文内容

但是，当图文内容过多，图片占据大量篇幅时，文章会显得过长。读者在阅读时会消耗过多流量，或加载图片用时过长，读者易产生阅读疲劳，可能导致读者取消图片的加载，从而影响了产品的宣传。例如，在"大学生怎样一步一步买化妆品"的文章中，就使用了大量的图片，增加了读者的阅读量，并使读者无法准确找到需要的产品，一定程度上降低了产品的转化率。

图文的创作对创作者的审美和文案能力有较强的要求，图片在内容里虽然起着锦上添花的作用，但是图片对读者的阅读体验的影响相对较大，而文字能提升整个内容的质量，创作者需要具备较强的文字组织能力。

2. 图集内容

图集内容是指将能够展示商品的外观特征的主要图片汇编成一个集合，并配以简明扼要的文字说明的一种内容形式。图集内容阅读起来简便快捷，读者可以快速地获取商品信息，但其内容有限，不能对事物进行详细说明。某汽车测评平台对车辆进行测评时便采用了图集的形式，由 25 张图片以及配图文字组成，如图 1-5 所示。从读者的关注点出发，对车辆外观、性能、内饰等方面进行了专业详细的介绍，使读者对商品有了全面的认知，进而激发了读者的兴趣。在图集最后附上预约试驾的联系方式，实现从"线上"到"线下"的转化。

图 1-5　某汽车测试平台的图集内容

图集内容形式新颖，有较强的直观性，读者可以快速地获取商品信息。例如，在某品牌计算机的淘宝商品详情页内，便采用了图集形式，对该商品进行了介绍，如图 1-6 所示。

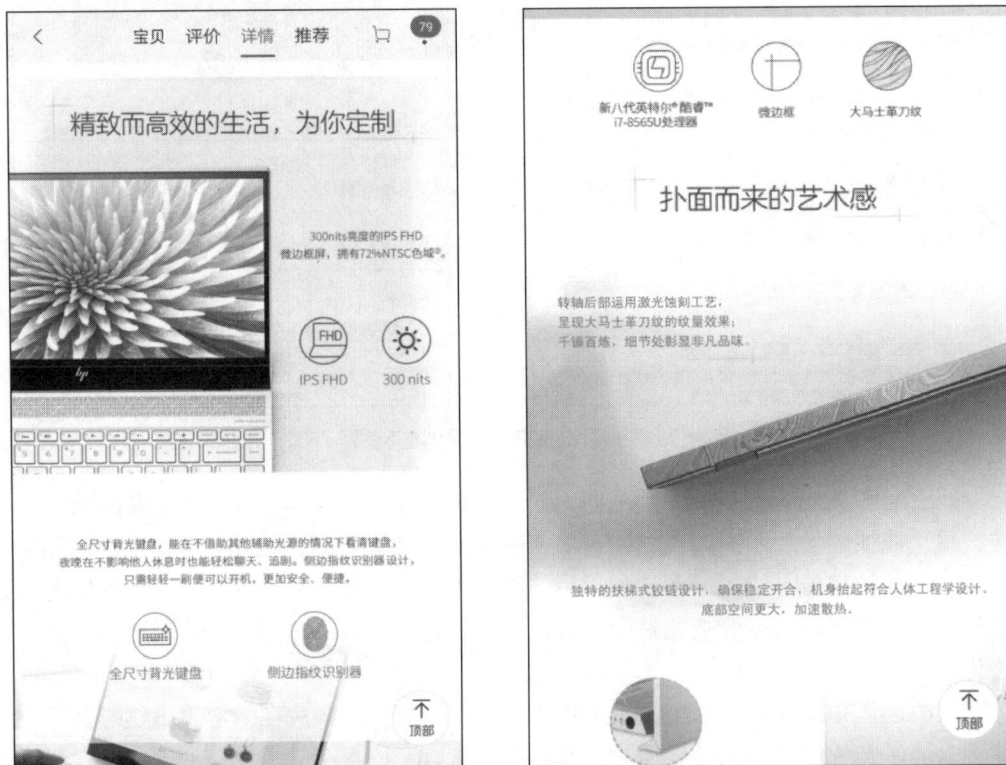

图 1-6　某品牌计算机的淘宝商品详情页的图集内容

又如在内容电商平台上，微淘内容也经常出现图集的内容形式，特别是一些需要全方位展示商品效果的内容，如图 1-7 所示。

但是，图集内容会受到一定的阅读限制，不能详细地展示商品的内容，需要读者结合具体的数据进行参考。例如，在某品牌冰箱的图集内容展示中，文章在最后额外添加了商品详细信息的介绍，使读者对商品有更全面的了解，以弥补图集的不足，如图 1-8 所示。

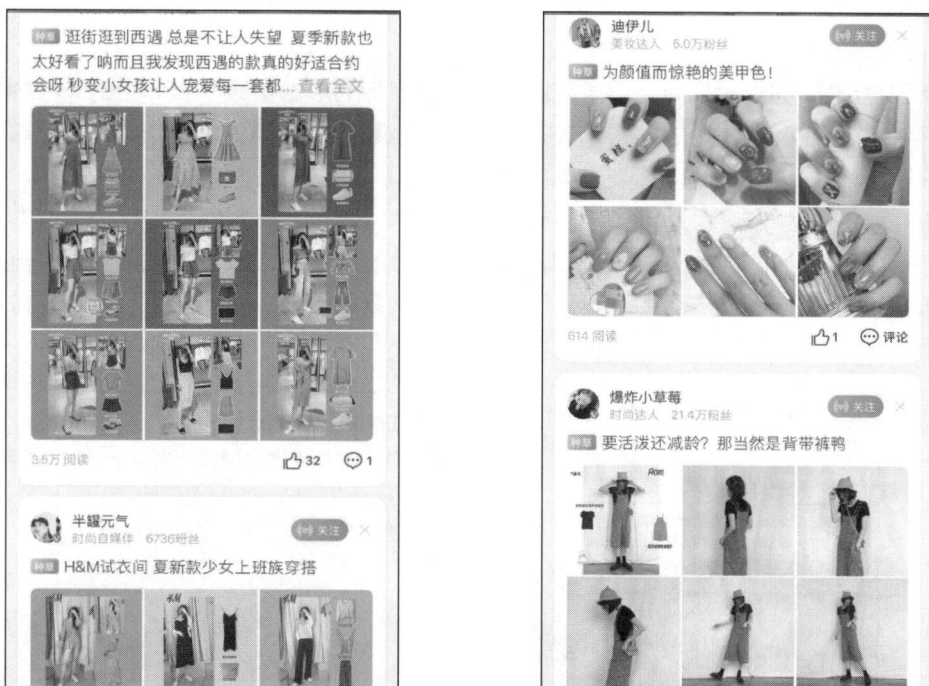

图 1-7　微淘图集内容

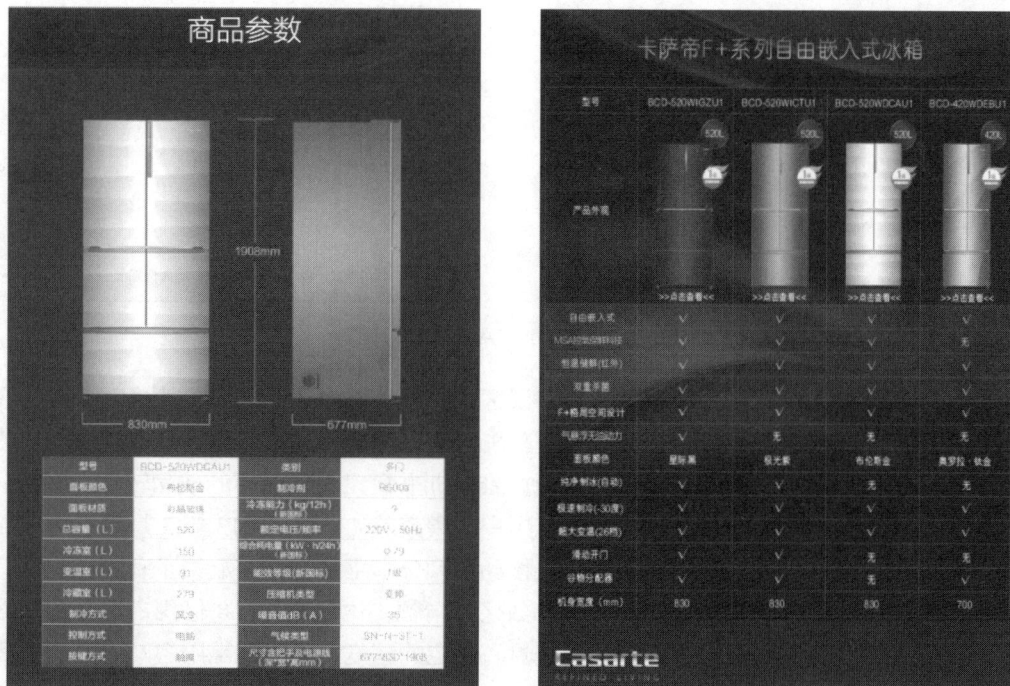

图 1-8　某品牌冰箱的图集内容

另外，图集内容对创作的要求偏高，需要创作者的审美观念和文字的浓缩技能，创作者要通过配备高质量的图片和简洁的文字来提高读者的阅读体验；同时创作者也需要具备一定的图片处理能力。

3. 音频内容

音频内容是指创作者将商品信息或服务信息以声音的形式负载于媒体上的一种内容，音频内容平台的商业模式较为成熟，用户获取音频较便捷，并且音频内容有陪伴和沉浸的效果，用户在进行其他活动时也可以接收音频内容。音乐和广播便是音频内容的两种形式。随着媒介技术的发展，音频内容也逐渐多种多样，在新媒体领域也发挥着独特的优势，成为创作者吸引用户、服务用户的附加渠道。例如，有些公众号的创作者，除了图文内容外，再将内容以音频的形式放置于图文内容中，满足用户多元化阅读的需要。图 1-9 所示为喜马拉雅 App 的展示界面。

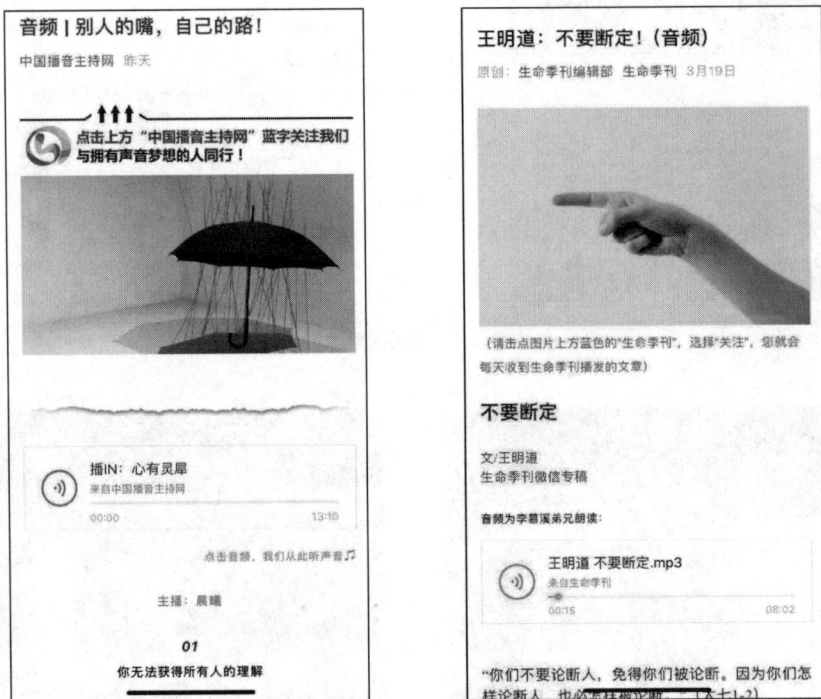

图 1-9 喜马拉雅 App 的展示界面

例如，某音频平台的音频节目"公关的误区：逻辑思维推荐书全集"就是以音频的形式向听众讲授精选的逻辑思维课程，吸引对逻辑思维感兴趣的用户，并通过授课刺激用户的需求，在授课时进一步为用户推荐相关的逻辑思维培训书籍，实现商品的成功转化。

喜马拉雅是国内知名音频分享平台，总用户规模突破 4.8 亿，2013 年 3 月手机用户端上线，是目前国内发展最快、规模最大的在线移动音频分享平台之一，汇集了有声小说、有声读物、有声书、儿童睡前故事、相声小品等数亿条音频，也是超过 4.8 亿用户选择的网络电台，"随时随地，听我想听"。这种音频形式具有一定的深度，可以满足用户对内容形式多样化的需要，在吸收内容的同时解放眼睛和双手，让内容的接收更加高效，音频内容比较常见的收益方式为知识付费，喜马拉雅 FM 上线的付费音频节目"好好说话"，首日收入达 500 万元，十日收入超过 1000 万元。

因为音频内容是通过创作者的声音传递给受众的，所以在创作者传递和解读内容的过程中是带有一定感情色彩和价值倾向的。音频内容若想将内容要表达的深层次寓意传递给受众、带给受众不一样的接收体验，需要对创作者提出更多的要求，创作者除了需要具备创作优质内容的能力外，还需要具备富有感染力的声音，能将内容要传递的信息表达出去。不过，音频内容也有局限性，如缺乏良好的视觉体验、对接收环境有一定要求、无法自主二次阅览等。

4. 视频内容

随着移动网络和智能终端的普及，视频以其更直观、更立体、更鲜活的表现方式获得了用户的青睐，也逐渐成为当下的内容趋势。视频内容可以出现在电视、电影、视频平台、直播平台、自媒体平台等诸多渠道中，是近年来发展最快的内容类型，各大咨询公司预测视频内容将成为未来主流的内容形式。

在视频领域，短视频备受移动端用户的青睐。短视频是一种视频长度以秒计数，主要依托移动智能终端实现快速拍摄和美化编辑，可在社交媒体平台上实时分享和无缝对接的新型视频形式。一般将时长在五分钟以内的视频称为短视频，即从时长上来看，短视频长则几分钟，短则十几秒。短视频以其"短"的特点展现出制作简单、传播方便、内容经典的特色，快速占领了流量主阵地。短视频不仅仅是长视频在时长上的缩短，在当前快节奏的时代背景下，短视频还具有社交属性强、创作门槛低、碎片化的特点。2012 年，移动短视频开始萌芽，微信、微博、今日头条等自媒体平台纷纷投入巨资，扶持短视频的发展，促使短视频行业迅速升温，诞生了如"一条"等知名短视频自媒体。

电商领域也以其快速捕捉市场和用户变化的思维模式，在内容电商领域快速地将短视频利用起来。如店铺产品的主图从精致图片升级成了视频，将产品全方位地展示给用户；店铺装修也能用短视频的内容将产品和品牌进行宣传，提升店铺形象，如图 1-10 所示。

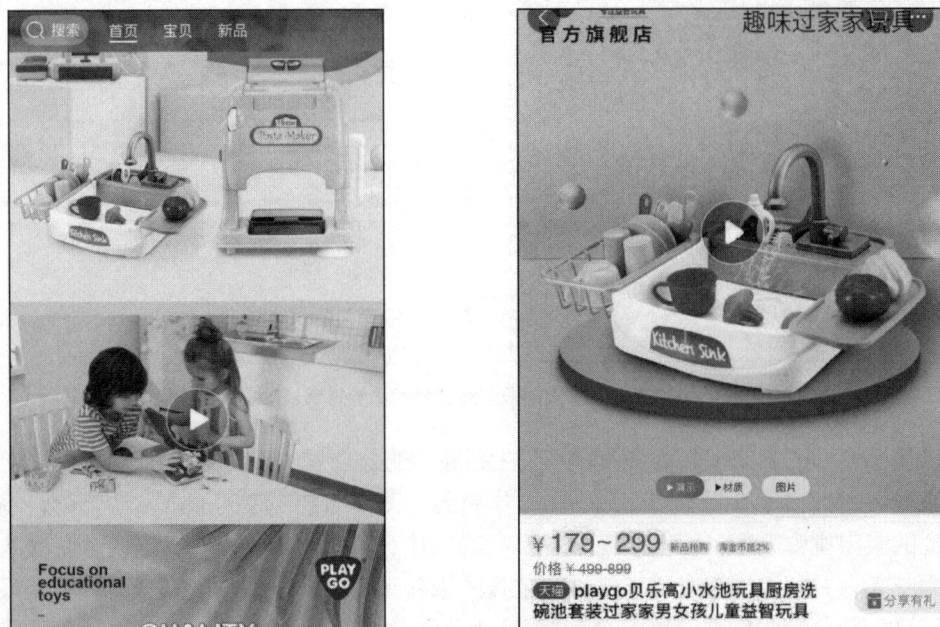

图 1-10　某电商平台主图视频

5. 直播内容

直播内容是指创作者以视频直播的方式在平台上展示商品或服务，使用户实时地获取商品信息，并可与创作者互动，来满足用户的购物需求。直播内容是通过主播展示的，一般电商平台的购物直播会选择对商品非常熟悉的主播进行专业的讲解和互动，主播的专业度是影响直播效果的重要因素。同时，主播的个人风格也会影响直播的效果。

直播内容以其实时性、交互性的特征，能更快速地吸引用户的注意，创作者可以与受众及时进行沟通互动，提升用户的体验，有利于内容的转化。但直播内容需要用户花费相对较长的时间观看，若不能随时吸引用户，便会造成潜在用户的流失，影响商品的转化。例如，在某汽车品牌的直播间中，因直播风格平淡，导致观众人数较少。直播内容是创作者在做直播时要特别注意的因素。

6. 深度内容和浅内容

图文内容、图集内容、音频内容、视频内容、直播内容是按照内容呈现在读者眼前的形式进行分类的，如果按照内容涵盖价值的深浅和程度来分类，内容又可以分为深度内容和浅内容。

深度内容是一种系统地反映重大新闻事件和社会问题，深入挖掘和阐明事件的因果关系以揭示其实质和意义，追踪和探索其发展趋向，或对某一领域的事物进行系统性的分析所产生的内容。深度内容与碎片化的内容不同，深度内容追求深刻性的理念、思想方法和立体的思维方式和志趣。大部分的深度内容需要在时间的沉淀和酝酿下才能产生优质的流量，因此，深度内容的变现较难实现。例如，在"好奇心日报"网站所发布的文章"星巴克新一季度财报，新饮料和涨价是增长的主要动力"便是典型的深度内容，文章并没有关于星巴克产品的推荐，而是从专业的视角分析关于星巴克公司的财务计划，如图 1-11 所示。

图 1-11 "星巴克新一季度财报，新饮料和涨价是增长的主要动力"内容

微信公众号的文案多数为深度内容，在海底捞的公众号中呈现的一篇《给食物变个魔术，让宝宝爱上吃饭！》（见图 1-12）内容中，作者通过图文结合视频的形式，从爸爸妈妈们都比较关心的宝宝挑食问题，引出如何改变食物的气味、形状、颜色、口感等，像变魔术一样让宝宝爱吃饭，并配图详细介绍了三种宝宝餐的原料和做法，以教学的形式将内容呈现出来。再如，微信公众号中的"深度好文""深度美文"也多是深度内容，通过某一主题或某一话题展开深度挖掘和剖析，让读者感同身受，从而引起共鸣。

图 1-12　"给食物变个魔术，让宝宝爱上吃饭！"深度内容

电商领域中，深度内容一般是指通过对某个产品或服务的深度剖析和介绍，而非只用图片或简介展示产品或服务，让读者通过图文介绍、视频详解以及直播详解对产品的基本属性、特点、卖点等有一个详细的了解。例如，达人微淘里经常出现的评测文、"种草"文、教学文，图 1-13 所示为淘宝达人的微淘评测文、"种草"文。

图 1-13　淘宝达人的微淘评测文、"种草"文

美妆类达人通过图片和文字，将自己使用的感受和对该产品的详细介绍展示给读者，引导读者详细了解该产品、购买该产品。

浅内容与深度内容相反，是指创作者通过简单编辑文字或图片便可以产生的内容，没有过多的理性思考和深度解析，仅局限于对事物表面的描述。

浅内容无须过多篇幅，因此易于读者阅读，可以让读者迅速地获取信息，而且浅内容不会占用过多的阅读时间，读者可在较短时间内阅读多条内容。与此同时，浅内容的产出量大，信息众多，呈现碎片化阅读的形式。浅内容多见于微信公众号、今日头条等自媒体发布平台。在今日头条网站推荐页面的诸多文章，如"气枪的威力到底有多大？""女白领五一拼假两周后被开除，告上法庭却败诉！网友：不敢了不敢了"等，都是较为典型的浅内容。淘宝微淘里的很多内容也属于浅内容，如清单、单品等，如图1-14所示。

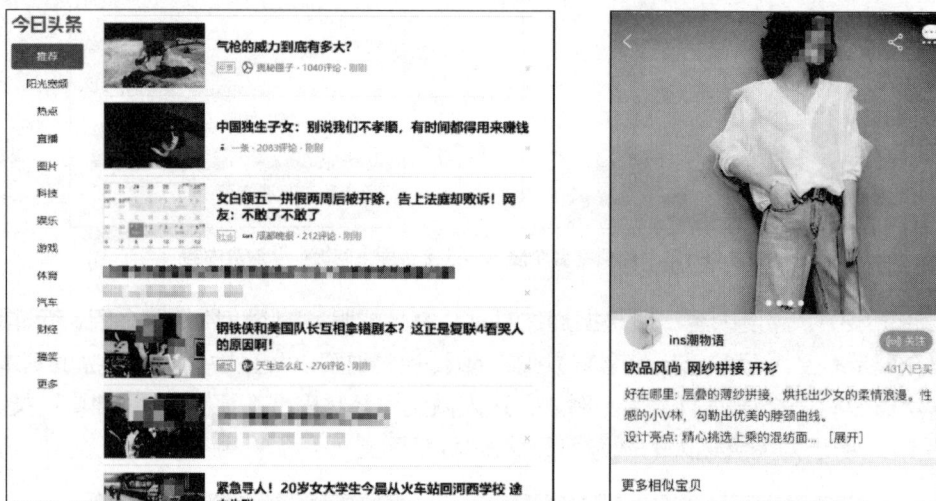

图1-14 微淘浅内容

7. 拉新内容、留存内容、转化内容

从内容的直接目的来讲，内容又可以分为拉新内容、留存内容、转化内容。拉新、留存和转化也是内容运营的最直接的三个目的。

（1）拉新内容

拉新内容也是引流内容，是指内容创作的目的侧重点在于吸引新用户、拉拢新流量，希望通过目标用户感兴趣的内容或对目标用户有利的内容吸引目标用户的持续关注，以期进行后续的转化。拉新内容多为兴趣点或利益点内容，常常关注内容能给用户带来什么，有没有产品或服务的购买引导。

例如，"年糕妈妈"在今日头条里的内容多为幼儿教学类的内容，"年糕妈妈"通过多年的医学专业知识和实践经验，向新手妈妈传递幼儿养护和教育的知识和理念，如图1-15所示。

再如，今日头条"老夏分析师"通过推送一些电商运营类相关知识的梳理，吸引了大批粉丝，这些粉丝也是该自媒体进行后续知识付费或线下转化的核心用户；"顺乾羊绒高级成衣"通过视频的形式，向用户推送服装搭配、护理、保养等知识吸引用户关注，也为产品的转化带来了用户的积累，如图1-16所示。

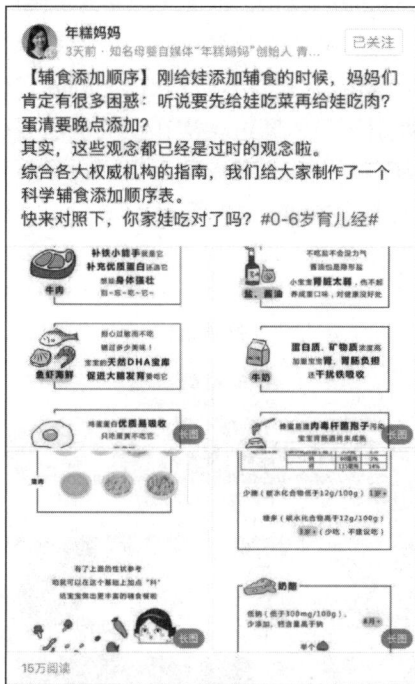

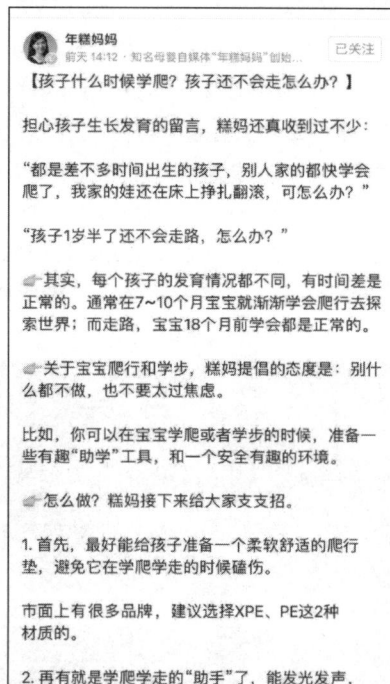

图 1-15　"年糕妈妈"的拉新内容

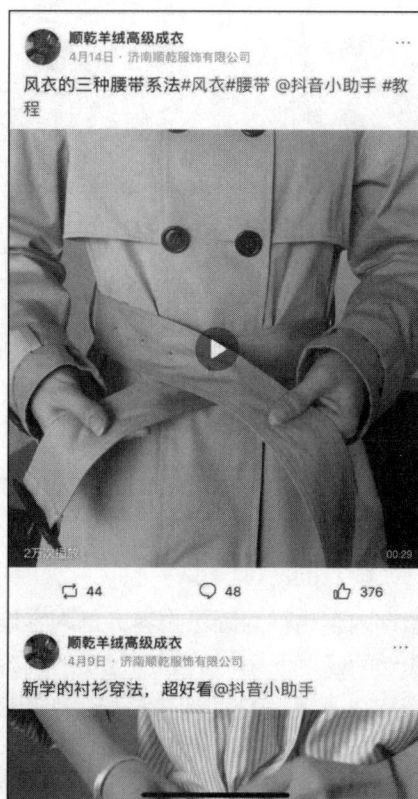

图 1-16　"老夏分析师"和"顺乾羊绒高级成衣"的拉新内容

　　另外，购物平台上也经常会出现拉新内容，如商家微淘模块。商家为了获取流量，也会发布诸如教学类、知识类、推荐类微淘内容。例如，美妆类达人就经常在自己的自媒体账号上发布一些教粉丝化妆的内容；时尚穿搭类达人经常发布一些教粉丝穿衣搭配的内容或衣物保养的内容。此外，拉新内容还经常会出现利益点吸引环节，通过实实在在的利益吸引目标人群成为新用户、成为粉丝。拉新内容一般在活动内容中体现，商家或平台通过一系列的利益，如新人专享福利、拉新福利等，吸引新用户的加入，如图 1-17 所示。

图 1-17　商家、平台的拉新内容

（2）留存内容

　　留存内容也称为固粉内容，指内容运营者在吸引足够数量的粉丝后，为提高粉丝黏性、提高粉丝活跃度而创作的更加优质的内容。没有完全不掉粉的公众号，运营者只能将掉粉的数量维持在可接受的范围内。固粉内容的主要目的是使粉丝数量稳中增长，进而实现流量的转化。留存内容很多时候也是拉新内容，创作者希望通过创作对粉丝有价值的内容，使粉丝继续保持关注其公众号的状态，提高粉丝黏性和活跃度。除此之外，留存内容还多出现在老客户的活动中，如图 1-18 所示。

图 1-18　留存内容

（3）转化内容

转化内容也称为导购内容，是以引导用户购买为主要目的的内容。该类内容多数并不实现交易，而是通过导购去引导用户到真正的购物网站购物，在导购的服务中收取一定的推广费用，或仅依据用户的真实反应做出推荐，列出必买清单、购物榜单等排行，引导用户去购买。时尚达人在创作推荐类内容中，加入推荐商品的链接，用户可以直接点击商品链接进行购买，如图 1-19 所示。

在知名导购网站"什么值得买"中，可以看到大量的转化内容，其具体创作框架大致分为选购指标、选购依据、产品参数、产品的主要特性等，并在导购内容的最后列出品牌推荐的表格，如图 1-20 所示，供用户参考。

转化内容除了在内容中植入商品的链接之外，另一个明显的特点就是在文字的引导上具有导购的倾向，例如，"必买清单""优惠折扣""强烈推荐"等字眼。

除此之外，还有一种内容的形式也比较常见，就是互动类内容。内容创作的目的是建立商家与用户的联系，在这个联系的过程中，需要创作者精心设计和维护好双方互动的内容和方式。互动内容是指内容的创作者所产生的内容，可以与用户产生完美的交互体验，使用户更个性化地参与呈现给他们的内容。创作者通过帮助用户在品牌中看到自己，提供潜在的、深化的参与感，并且提升了用户满意度。互动内容不需要过于复杂的形式就可以为内容运营的目标做出贡献，创作者使用最简洁的互动方式便可以帮助识别和解决用户的核心痛点，并鼓励用户与商品建立一个有意义的交流，引导用户进入购买页面，增加销售量。一个精心策划的登录页面，便有可能吸引到潜在的用户。互动内容的创作主要通过以下方式完成。

图 1-19 转化内容 1

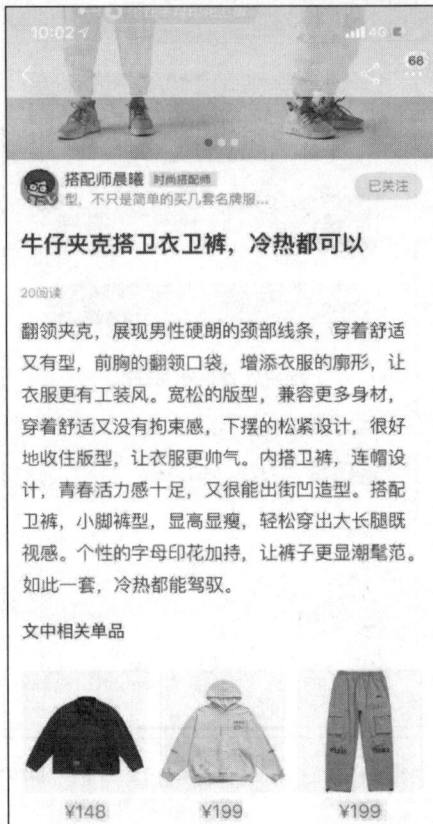

标准	品牌	型号	规格	标价	涂刷面积	价格（元/平方米）
基础级（完全满足基础家用）需要散味	多乐士	致悦抗甲醛净味五合一	6L面漆×2+6L底漆×1	849	75	11.32
	立邦	金装净味五合一	面漆18L+底漆10L	1245	125	9.96
	立邦	抗甲醛净味五合一	5L面漆×2+5L底漆×1	599	62.5	9.58
	三棵树	净味甲醛净味五合一	5L面漆×2+5L底漆×1	698	65	10.74
进阶级（适合环保要求较高）需要散味	多乐士	致悦抗甲醛净味全效	6L面漆×2+6L底漆×1	1149	75	15.32
	立邦	竹炭抗甲醛净味五合一	5L面漆×2+5L底漆×1	1236	65	19.02
	PPG大师漆	随选系列	3.66L面漆×2+3.66L底漆×1	1399	48	29.15
	都芳	都芳钻石墙面漆	5L面漆×2+5L底漆×1	1299	70	18.56
最高级（适合易过敏人群如老人和小孩）即刷即住	芬琳	芬琳北极雪	2.7L面漆×1（买两桶送底漆）	791	22	35.95
	舒纳沃恩	极地系列	5L面漆×2+5L底漆×1	1988	70	28.40
	立邦	小王子儿童漆	5L面漆×2+5L底漆×1	2354	65	36.22
	多乐士	竹炭青呼吸无添加全效儿童漆	5L面漆×2+5L底漆×1	2636	70	37.51

到了最后又到了最头疼的品牌推荐，因为不同的需求和预算会对应着不同种类的油漆，所以我这次把油漆品牌和型号的推荐分为三种，分别是基础级、进阶级和最高级。（价格都是白色漆常见价格，有活动还便宜）

图 1-20 转化内容 2

  ① 小测试、投票和问卷调查。创作者以一个相关的话题来对用户进行测试或者调查，然后生成一个可以分享的结果，让用户进行分享，帮助内容的传播。例如，微信公众号"壹心理测试"是以测试为主的公众号平台，在其首页可以看到该公众号推出的各种测试服务，均有较多的用户购买使用，实现了流量的变现，如图 1-21 所示。

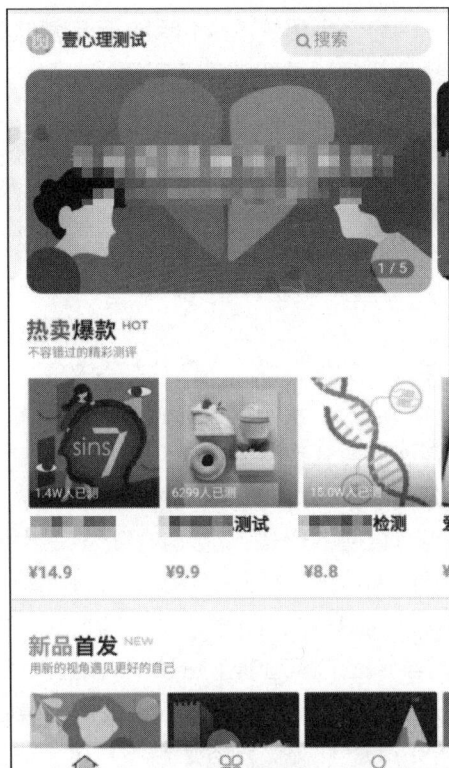

图 1-21　壹心理测试活动

② 评价。评价特别适用于通过复杂的销售过程转移潜在用户，这些综合调查可以用来提供个性化信息和基准，用户可以通过评价来了解相关商品。在淘宝网站的某品牌空调产品页面内，便展示了大量用户对这一商品的使用体验评价，以及商家对用户提出问题的解答，实现了商家和用户的有效互动，为潜在用户了解商品提供了很好的平台。

1.2　内容运营的概念和特征

近年来，随着网络信息技术的发展和移动终端的普及，用户被铺天盖地的信息包围着，接触信息的方式也越来越多，当然对接收信息的内容质量的要求也越来越高。各大商家对内容运营也越来越重视，希望通过自己不俗的内容吸引目标用户，于是出现了看着不像广告的广告，我们的朋友圈也时常被"走心"的内容刷屏（如在 2019 年春节时，朋友圈被刷屏的"啥是佩奇"），招聘网站上也逐渐多了"新媒体运营""内容运营""用户运营"等新的岗位名称。内容为王的时代不再只停留在理论层面，而是真真切切地到来了。那么，什么是内容运营？内容运营具有哪些特征？本节将尝试做一个全面介绍，帮助读者对内容运营有一个初步的理解。

1.2.1　什么是内容运营

内容是一个宽泛的概念，小到一句广告词、一个标题、一张不俗的图片，大到一部小说、一部电影、一个活动，都属于内容。当传统的广告和产品运营策略满足不了当下用户逐渐升级的需求时，内容成为当今社会全领域重要的运营手段和工具。而对于内容的运营，电商领域则成为内容运营最普适、最热火的阵地。商家期望通过创新的内容运营实现吸引用户、提高转化率、提高销售额的目的。内容运营的价值主要体现在品牌调性传达、产品价值传达、用户培养与转化等方面。

内容运营是指运营者通过图文、图集、视频、直播或音频的形式将公司的信息通过新媒体传播渠道展现给用户，旨在通过优质的内容激发用户参与、分享和传播，从而达到吸引用户、促成销售的目的。

由此可见，内容的呈现形式有多种，可以是图片结合文字，也可以是图片集合；可以是视频或者直播，也可以是音频的形式。我们常见的微信公众号展示的内容多为图文、图集形式；各大购物平台的商品内容展现形式也多为图集和短视频，如淘宝商品详情页和首图的视频；短视频平台的内容多为短视频，如抖音、西瓜视频等；淘宝直播的内容展现形式则是直播；各大自媒体平台的内容也有直播的形式；音频内容形式，例如，App "凯叔讲故事"、微信公众号 "罗辑思维" 的 "罗胖 60 秒"。此外，图集内容还常见于淘宝的微淘平台。

我们通常将内容运营理解成简单的内容创作工作，实际上，内容运营者除了要掌握不同的内容形式的创作，还要对内容传播的渠道非常熟悉，对内容的整体规划和分析也十分重要。内容运营不只是创作不同形式的内容，还需要将内容通过各种渠道进行传播，让内容被看到、被熟知，才能达到内容运营的目的。可见，内容运营不是单一的创作工作，而是一项系统的运营工作，从内容的定位和规划到内容的选题和创作，再到内容的投放和评价，期间包含的工作内容不只是内容编辑，还需要做前期的统筹规划、选题、创意、素材整理、内容编辑、渠道投放、渠道管理、数据分析、内容优化等工作。概括来讲，内容运营者的两大工作就是如何做好（内容）、如何做（好内容）。

总之，内容运营是一个综合的大运营的概念，而内容电商则是在内容时代下衍生的电商的一条新出路，还处于不断探索、发展之中，本书对相关概念的解析和特征的判断也是基于当前电商行业的发展态势。另外，内容类平台也处于快速发展中，规则时长有变动，所以本书的任务书设计和知识点梳理并未立足于平台流程和规则，而更多的是基于对运营思维和运营逻辑的分析。

正是因为电商领域的运营思维变化快、更新快，我们应着眼于内容电商运营的应用探索，更多地关注内容电商的相关模式、现象、案例，从而提升我们内容运营的技能。本书对于内容运营的相关知识点进行梳理，也是基于电商领域的相关操作模式，结合内容电商的工作任务布置学习任务，从内容的定位和规划、创作和投放、评价和优化方面进行解析，希望对广大读者的内容电商运营的技能提升有一定帮助。

1.2.2　内容运营的特征

好内容是内容运营的核心，内容运营，胜在内容。好的内容才是被用户接受和乐于传播的主要原因。作为内容运营者，最主要的工作是持续地创作出优质的内容。只有持续的、优质的内容输出，才能吸引更多的目标用户，才能保证粉丝有黏性，从而促进转化。那么，什么是好内容呢？

　　总的来说，用户愿意看的、愿意转发的、认可的就是好内容；能给品牌带来正面价值的、提升品牌形象的、能促成转化的就是好内容；好内容通常具备"走心"的特征，例如，让人印象深刻的或者让人愿意转发的、能够引起读者情感共鸣的内容。无疑，好内容才是内容运营成败的关键。例如"年糕妈妈"成立之初，并不是直接就通过接入广告、销售商品营利的，而是通过不断地向用户分享、教授育儿知识，稳固了一定的粉丝群之后才切入电商领域。对于"年糕妈妈"的定位粉丝群来讲，育儿类知识就是好内容。

　　传播渠道是内容运营的桥梁，好内容需要合适的渠道传达给用户。作为内容运营者，不仅要创作好内容，还要把好内容传递出去。随着移动网络和新媒体平台的发展，只要有好的内容创意，有好的内容价值，就不怕没有传播渠道。内容运营者需要对当下的主流新媒体渠道了如指掌，制定合适、合时的渠道策略。

　　内容运营的效果依赖于运营者的创意。内容运营的核心是内容，内容的创作需要不断的创意来支持。一旦创意不够吸引人，或者运营者没有足够的创意产出，内容运营将面临内容无趣甚至内容中断的后果。所以，内容运营工作比较依赖于运营者的创意，内容运营不是简单地发几篇文章。用人部门要侧重应聘人员的创新创意能力，内容运营者要时刻保持敏锐的观察力和不俗的创造力，平时就要积累创作灵感和素材，保持创意的产出。

　　内容运营的考核要注重持续性和长效机制。对内容运营的认识，不能停留在当下的内容投放效果，要用长远的眼光看待内容运营的效果。因为内容运营者不背负明确的销售指标，所以内容运营者不要总是期待通过一次极度不俗的内容创意就能带来又好又快的转化成果。内容运营是一项长期的内容投资，效果也不是通过一篇文案就能显现出来的，效果的考核要使用多重考核标准和度量指标。例如，除了看比较直观的转化率，还需要看拉新数量、曝光量、阅读量、访问量、跳出率、活跃用户数、好评率、点赞数等数据。

1.3　内容运营人才成长之路

　　内容运营类岗位要求门槛相对比较低，但作为一个综合类岗位，不仅要求内容运营者非常熟悉社交网络，还要懂公司产品、懂用户、懂市场、懂营销、懂文案、懂品牌，并且对互联网热点有着非常敏锐的洞察力，时刻保持创新精神。

1.3.1　岗位能力清单

　　内容运营人才是新媒体时代的内容官，其相关岗位的职责要求也不同于传统岗位。内容运营学习者需要及时了解内容运营类岗位的职责要求和能力清单，以便有针对性地学习和提高。因为内容运营类岗位涉及全领域，且每家公司的运营渠道或策略有所差异，每家公司对内容运营类岗位的要求也不一样，我们通过观察众多公司对该类岗位的招聘信息，发现每家公司针对该类岗位的描述都不相同，如图 1-22 所示。

　　虽然每家公司对该类岗位的职责要求描述不同，但我们通过对多家公司的招聘信息进行提炼和拆解，发现内容运营类岗位除了对常规运营类岗位需要的沟通协调能力、组织策划能力、推广营销能力、办公操作能力、团队管理能力等有要求之外，对文字表达能力、热点跟进能力、用户洞察能力、资源整合能力、数据分析能力的要求相对更高。

内容运营   **8001~10000元/月**

德施曼机电(中国)有限公司 会员   杭州-滨江区 | 1~3年 | 本科 | 招1人

岗位职责：

1. 负责公司微信公众号账号、微博账号的内容输出及日常运营维护；   → 文字表达能力

2. 负责根据新媒体平台流量来源等相关数据，对各种软性推广进行优化和调整，以逐步提高平台流量及百度SEO端口占位；

3. 负责增加粉丝数，提高关注度和粉丝的活跃度；   热点跟进能力

4. 挖掘和分析用户使用习惯、情感及体验感受，及时掌握新闻热点，有效完成新媒体策划活动；

5. 挖掘知乎、小红书、装修建材网等各个平台流量入口，提高微信公众号矩阵账号影响力。

内容运营   **7000~8000元/月**

杭州崧洋生物科技有限公司 会员   杭州 | 1~3年 | 大专 | 招1人

                              文字表达能力   用户洞察能力

一、岗位职责：

1. 把控所有文字输出的内容，确保符合品牌调性、风格定位；

2. 熟悉各媒介平台，能实时地根据品牌现状来匹配推广的渠道，对粉丝运营有一定功底；有将内容粉向品牌粉转变的能力、擅长数据分析并加以运用；   → 数据分析能力

3. 对新闻热点有极强的敏感度并具有话题制造的能力；   → 热点跟进能力

4. 公司官网的日常更新和维护；

5. 对于品牌成长具有较强的危机监测及公关能力。

内容运营   **8001~10000元/月**

杭州骄雅品牌管理有限公司 会员   杭州-滨江区 | 经验不限 | 学历不限
                                              招1人

职位亮点

绩效奖金 餐补 交通补助 带薪年假 员工旅游 高温补贴 节日福利 年终分红

职位信息
                      文字表达能力

岗位职责：

1. 根据公司平台的内容运营方向和运营需求，负责平台各版块的内容创作、软文编写、图文编辑；

2. 负责平台内容的运营维护、日常更新，以及粉丝的经营和维护，提升产品的影响力和关注度；

3. 根据产品定位，挖掘群体需求，维护产品内容   用户洞察能力

4. 根据时事热点，策划相关有利于提升用户注册量与活跃度的专题内容；   热点跟进能力

5. 负责对线上产品的内容进行整体规划，不断提高内容的数量和质量，提高用户留存率和点击率。

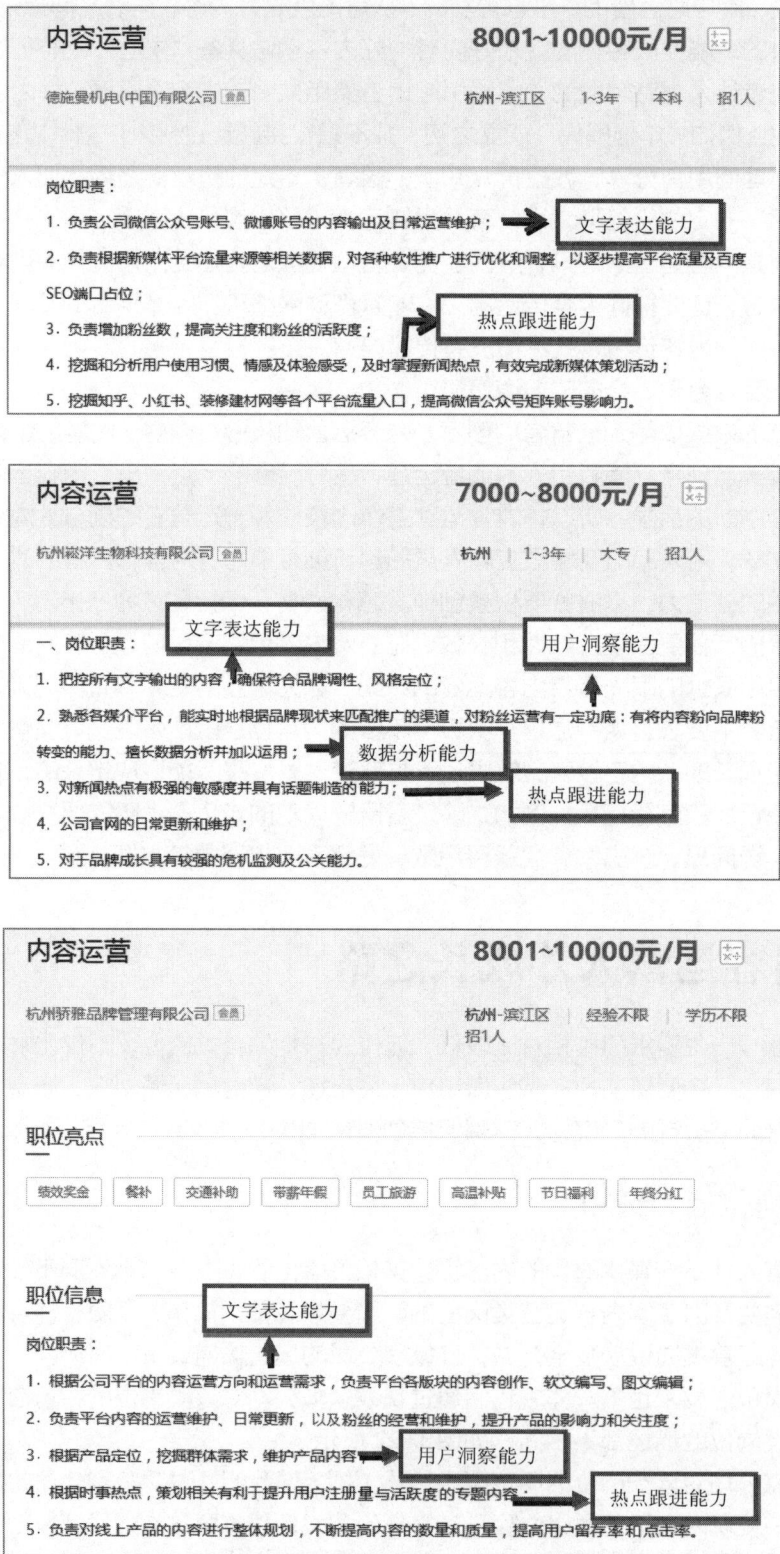

图1-22 内容运营岗位职责

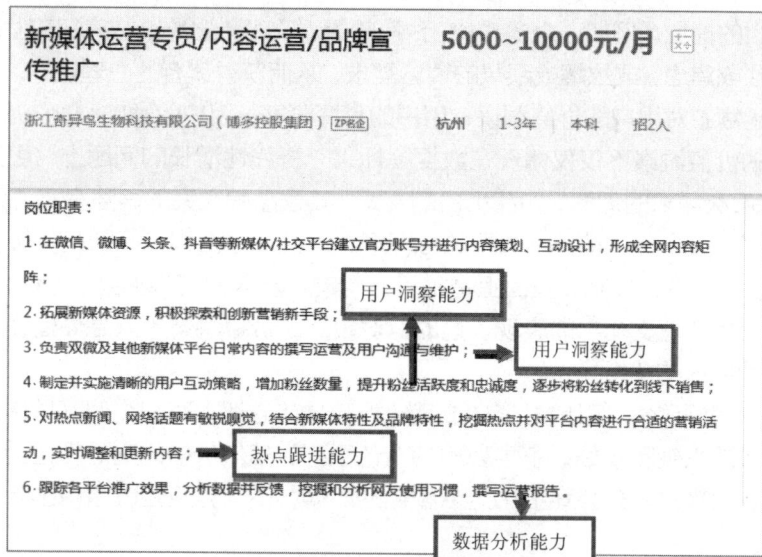

新媒体运营专员/内容运营/品牌宣传推广　　　5000~10000元/月

浙江奇异鸟生物科技有限公司（博多控股集团）　杭州　1~3年　本科　招2人

岗位职责：

1. 在微信、微博、头条、抖音等新媒体/社交平台建立官方账号并进行内容策划、互动设计，形成全网内容矩阵；

2. 拓展新媒体资源，积极探索和创新营销新手段；

3. 负责双微及其他新媒体平台日常内容的撰写运营及用户沟通与维护；

4. 制定并实施清晰的用户互动策略，增加粉丝数量，提升粉丝活跃度和忠诚度，逐步将粉丝转化到线下销售；

5. 对热点新闻、网络话题有敏锐嗅觉，结合新媒体特性及品牌特性，挖掘热点并对平台内容进行合适的营销活动，实时调整和更新内容；

6. 跟踪各平台推广效果，分析数据并反馈，挖掘和分析网友使用习惯，撰写运营报告。

用户洞察能力　　用户洞察能力　　热点跟进能力　　数据分析能力

图 1-22　内容运营岗位职责（续）

1. 文字表达能力

内容运营者的工作主要是围绕内容创作展开的，而内容在很多时候都需要通过文字来体现，不管是为内容设计一个标题，还是撰写一句广告词、一篇软文，都离不开较强的文字表达能力。

首先，内容运营者很多时候做的就是文案编辑的工作，文案编辑做的就是通过文字的思路传递信息，既需要将面向用户的活动规则类信息以文字的形式准确无误地展示出来，也需要通过优秀的文字表达能力将语言组织得更加受用户喜欢，使用户愿意点击和转发。

其次，在和内容运营团队的人员沟通时，运营者能用文字的思路表达清楚。不管是前期做内容规划时，还是用文字布置具体工作时，都需要做到基本的表达无误。例如，"转发朋友圈三天"的文字传达就很容易引起疑问：需要不需要连续转发三天？总之，在文字的表达和沟通上，要做到准确无误、精准无歧义。

2. 热点跟进能力

在内容中加入热点事件、话题或者热门词汇，不但能增加内容的可读性，也能丰富内容的关键词，扩大搜索范围，起到"巧借东风"的效果。运营者需要实时地关注一些热门话题并及时跟进。例如，《中华人民共和国电子商务法》的出台，自带热点效果，各大电商服务机构和从业人员纷纷借此赚取用户的点击。跟踪热点比较常见的是社会热点，在具体运用时要注意表达的立场和观点，不能违背社会伦理道德和大众认知。还需要注意的是在跟进热点时避免一味地追求热点的效应而忽略了内容的目标，注意跟进的热点与内容目标的关联。

另外，热点跟进还可以包括"热门词汇"运用，通过热门词汇帮助扩大搜索范围。例如，2018 年热门词汇："社会人""菊外人""皮一下，很开心""确认过眼神""C 位出道"等，如果在内容中适当引用这些热门词汇，不但能适当增加内容的可读性，也能给内容带来更多的搜索流量。

3. 用户洞察能力

用户洞察是对用户价值、喜好和倾向的深刻理解。内容时代，用户的需求也更加多样化，甚至隐蔽化。运营者需要清楚地了解目标用户需要什么，喜欢什么，习惯什么，也就是能进行用户需求深层次的挖掘。例如，众多"10万+"的爆款文章，之所以被疯狂转发阅读，就是点破了读者或孤独或焦虑，或炫耀或跟风的情感需求，从而获得读者的心理认同。对用户的洞察能力，可以从运营者对用户的价值洞察、用户的喜好洞察、用户的倾向洞察三个方面分析。

（1）用户的价值洞察不仅仅体现在数据指标来分析线性增长的问题上，更是对用户作为"人"的一种深层次需求的理解，如江小白的文案，其他品牌文案的表述多是"历史悠久""经典传承""喜庆"，大多是"精英主义"的意识形态，而江小白则宣扬的是年轻人对简单生活的向往、感悟，江小白的成功，表面上是千千万万的年轻人对青春独立、个性、简单的追求，实际上是青年一代"亚文化"的表现。这时，对用户的价值洞察不只是停留在表象了，更是对用户心理一种折射的解析。

（2）用户的喜好洞察。用户对某种或某一类商品在心理上有一个偏好排序，这种排序就反映了用户个人的兴趣和嗜好。苹果公司的金色系列，虽然价格比别的颜色稍贵一点，但却是很畅销的颜色，当时苹果公司推出这款颜色的时候，一部分原因就是中国大众对这个颜色具有一定偏好。

（3）用户的倾向洞察则是对用户价值和用户喜好在操作上的具象化，就是当面对某一类型的用户时，清楚用什么样的内容呈现形式。例如男性用户更加倾向有点击详情的界面，获得商品详情或活动详情，女性用户则喜欢图片的、感性呈现形式。这个能力在项目的初期有利于打造良好的用户体验。

4．资源整合能力

资源整合包括对内容的团队资源整合、素材资源整合、渠道资源整合等。内容运营的团队包括策划人员、编辑人员、渠道人员、设计人员等。

内容运营的团队初期虽是以编辑为主要力量，但随着团队的发展，一支各显神通的运营团队必不可少。如何挖掘内容界的"黑马"、如何打造能出爆款内容的团队是内容运营成功的关键因素。

内容需要素材支撑才会丰富饱满，如何整合相关的最佳素材，也成为内容是否有吸引力的决定因素之一。

渠道是内容分发的唯一工具，有了好的内容也需要好的渠道传播，对渠道资源的利用也是内容运营者必备的技能。

资源整合能力也体现了运营者的项目管理能力，只有将最有利的资源整合利用，才能在内容运营的各个环节呈现最好的效果。

5．数据分析能力

由于内容的运营是建立在数据的技术支持之上的，因此内容运营者要懂得用数据说话，具备一定的数据敏感度。内容运营者需要懂得利用数据进行预测、过程监控和效果分析；内容运营者除了要利用数据进行内容管理之外，还需要利用数据对团队的业绩、绩效进行分析和考核。数据分析的核心不在于通过数据发现问题，而在于通过数据发现解决问题的办法，在于更好的运营策略的制订。

1.3.2　职业发展路径

与内容运营相关的岗位，有展现类和渠道类，展现类的岗位主要是基于内容的展现形式不同进行划分的，有文案编辑、直播运营、视频运营；渠道类的岗位主要是根据运营者常用的渠道工具进行划分的，如自媒体平台运营、购物平台运营、社群运营等。不同类别的岗位对内容运营的职责要求的侧重点也不同，文案编辑则对文字表达要求较高；直播运营则要求有一定镜头感；视频运营更加侧重运营者的策划和制作。渠道类岗位，除了要求具备一定的内容组织策划能力，还需要对某一传播渠道或方式比较有见解，如从事自媒体平台运营工作的人，需要有更强的转化思维；从事购物平台运营工作的人，需要有能借内容进行导购的能力；通过社群做运营的人，则需要有很强的用户思维，如图 1-23 所示。

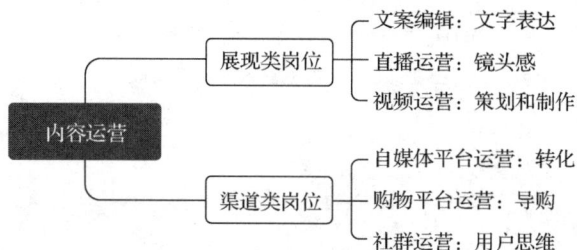

图 1-23　内容运营岗位类型

不管岗位的工作侧重点是什么，内容运营类岗位的人才发展路径分内容运营专员、内容运营主管/经理、内容运营总监三个阶段。由于公司的具体情况不同，团队规模大小不一，对岗位的称呼也会不一样。有的公司将专员岗位称为运营助理；有的公司则因为团队不够成熟，没有内容运营经理或运营主管的岗位，或者没有运营总监的岗位，只有内容运营专员或内容编辑岗位；但是成熟的公司或团队的人才成长路径一般由专员到主管，由主管到经理，再由经理到总监；也有的公司根据工作侧重点的不同，将岗位分为用户运营类、活动运营类、产品运营类，这时候还可能会有产品专员、用户专员等岗位。

不管各个公司对内容运营类岗位的称呼如何，但是每个岗位的工作职责、核定的工作内容却是不变的。例如，内容运营专员主要负责每项活动、每项内容、每个用户的具体执行，需要有很强的执行力；内容运营主管或经理主要负责监督和管理每个工作流程的实施，需要很强的协调和管理能力；内容运营总监则是一个公司的最高内容指挥官，需要很强的规划和统筹能力，如图 1-24 所示。

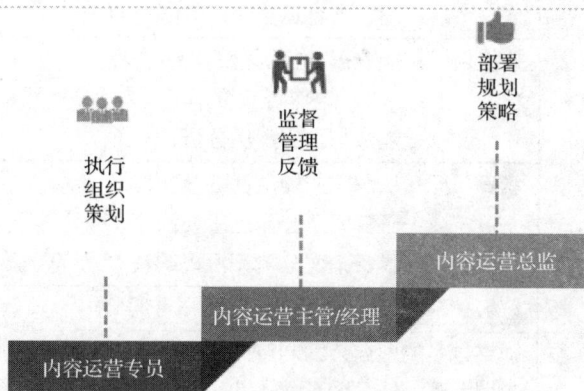

图 1-24　内容运营岗位职业发展路径

如果要给这三个岗位的人才划分不同的成长阶段，一般可分为五个阶段，如图1-25所示。

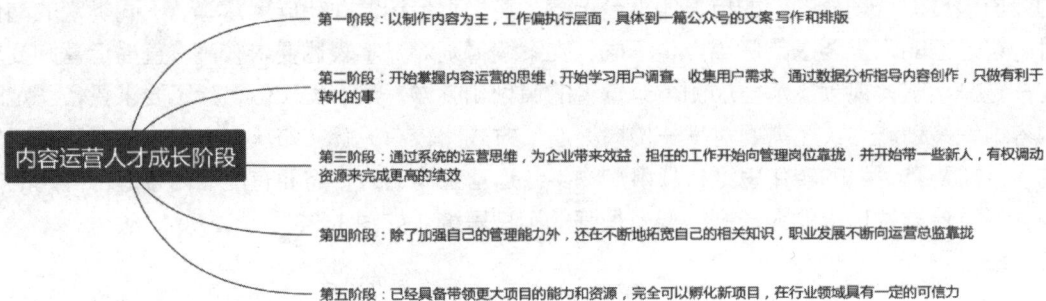

内容运营人才成长阶段
- 第一阶段：以制作内容为主，工作偏执行层面，具体到一篇公众号的文案写作和排版
- 第二阶段：开始掌握内容运营的思维，开始学习用户调查、收集用户需求，通过数据分析指导内容创作，只做有利于转化的事
- 第三阶段：通过系统的运营思维，为企业带来效益，担任的工作开始向管理岗位靠拢，并开始带一些新人，有权调动资源来完成更高的绩效
- 第四阶段：除了加强自己的管理能力外，还在不断地拓宽自己的相关知识，职业发展不断向运营总监靠拢
- 第五阶段：已经具备带领更大项目的能力和资源，完全可以孵化新项目，在行业领域具有一定的可信力

图1-25　内容运营人才成长阶段

思考与练习

（1）内容的作用是什么？
（2）常见的内容有哪些？
（3）内容运营的作用是什么？
（4）内容运营者需要具备哪些素质？
（5）请举例说明好内容具备哪些特点。

本章任务书

任务书 1.1		
学习领域	内容运营相关概念、内容运营岗位能力要求	
学习目标	知识目标：了解内容相关的基本概念 　　　　　理解内容运营岗位的能力要求	
	技能目标：能分析内容运营的相关流程 　　　　　能理解内容运营的作用 　　　　　能做基本的案例分析	
	素养目标：认识职业能动性的重要性 　　　　　了解团队合作的重要性 　　　　　具备案例分析和汇报的基本素养要求	
姓名：	班级：	学时：
任务背景	越来越多的电商公司利用内容进行引流和转化，内容又有各种各样的表现形式，对内容的运营也是多种手段和方法，不管哪种内容和什么手段，都是通过对内容的操作实现引流和转化的	

续表

任务书 1.1	
任务要求	请结合你对内容运营的理解，选择一个内容运营的案例进行分析。主要分析内容有：该案例是如何通过内容进行引流或转化的？该案例的内容形式是什么？该案例对内容是如何运营的？该案例内容的精彩之处在哪里？通过对该案例的分析，你是如何理解内容运营的？
提交形式	PPT
考核标准	1. PPT 制作合格，符合 PPT 汇报的基本格式要求 2. 思路清晰，逻辑合理 3. 任务完整，分析合理
实施过程	
成果展示	
任务反馈	

02 Chapter

第 2 章
内容时代下的电商

【学习目标】

➤ 了解什么是内容电商。

➤ 了解内容电商的背景。

➤ 掌握内容电商与传统电商的区别和联系。

➤ 掌握内容电商的两种模式。

近年来，随着电子商务的发展，网络运营已经不同于仅依靠平台和流量的支持的早期阶段，而是逐渐向内容和社群倾斜，商家和网络达人也将自己的运营重点从流量转向内容，从此产生了内容电商这个热门话题，且在短期内形成了一个热门产业。不管是平台，还是新媒体创作者，都在探索和尝试内容电商这一新的电商模式。

2.1　内容电商解析

内容电商以消费者为中心，以触发情感共鸣的内容为源动力，通过优化内容创作、内容传播和销售转化机制来实现内容和商品的同步流通与转化。从传统的流量电商到新媒体时代的内容电商的转化，是顺应产业发展的需要，也是迎合消费者新需求的需要。

2.1.1　什么是内容电商

消费者总是随着经济的发展、社会的进步而变化，在物质生活比较丰富的今天，他们更加关注互联网上分享的各种各样的有趣的、有内涵的内容，在购物的时候，他们更加关注购物过程和购物场景，也更加愿意接受各种不同的产品推荐方式。同时，消费者也是分享者、创作者，他们通过自己的购物经验，向更多的消费者分享购物过程和产品使用心得，将这些经验和心得通过购物分享平台或内容创作平台共享给所有人，由于分享者同时也是消费者，便在新的消费者心里建立了基础的信任，又加上分享的内容比较真实可靠或实用有趣，便吸引了大批的消费者购买产品，这就是内容电商的力量。

概括来说，内容电商就是以消费者为中心，以能触发消费者情感共鸣的内容为源动力，通过运营内容和消费者，优化内容传播渠道和营销转化机制，实现内容和产品的同步转化，从而提升营销效果的一种新型电商模式。

在内容电商里，内容成为电商新的引流方式，消费者喜欢看内容提供者分享或创作的内容，并且愿意听从内容提供者的建议进行消费；或者因为喜欢内容而愿意购买该内容推荐的产品。例如，手机淘宝将 60%的流量分给了首页的内容渠道，打造了淘宝头条、淘宝直播、有好货、每日好店、全球时尚、极有家、微淘等多个内容型导购渠道，如图 2-1 所示；京东 App 也布局了"发现"社区内容渠道，用于向消费者推送好的内容资讯，如图 2-2 所示。

图 2-1　手机淘宝内容导购页面

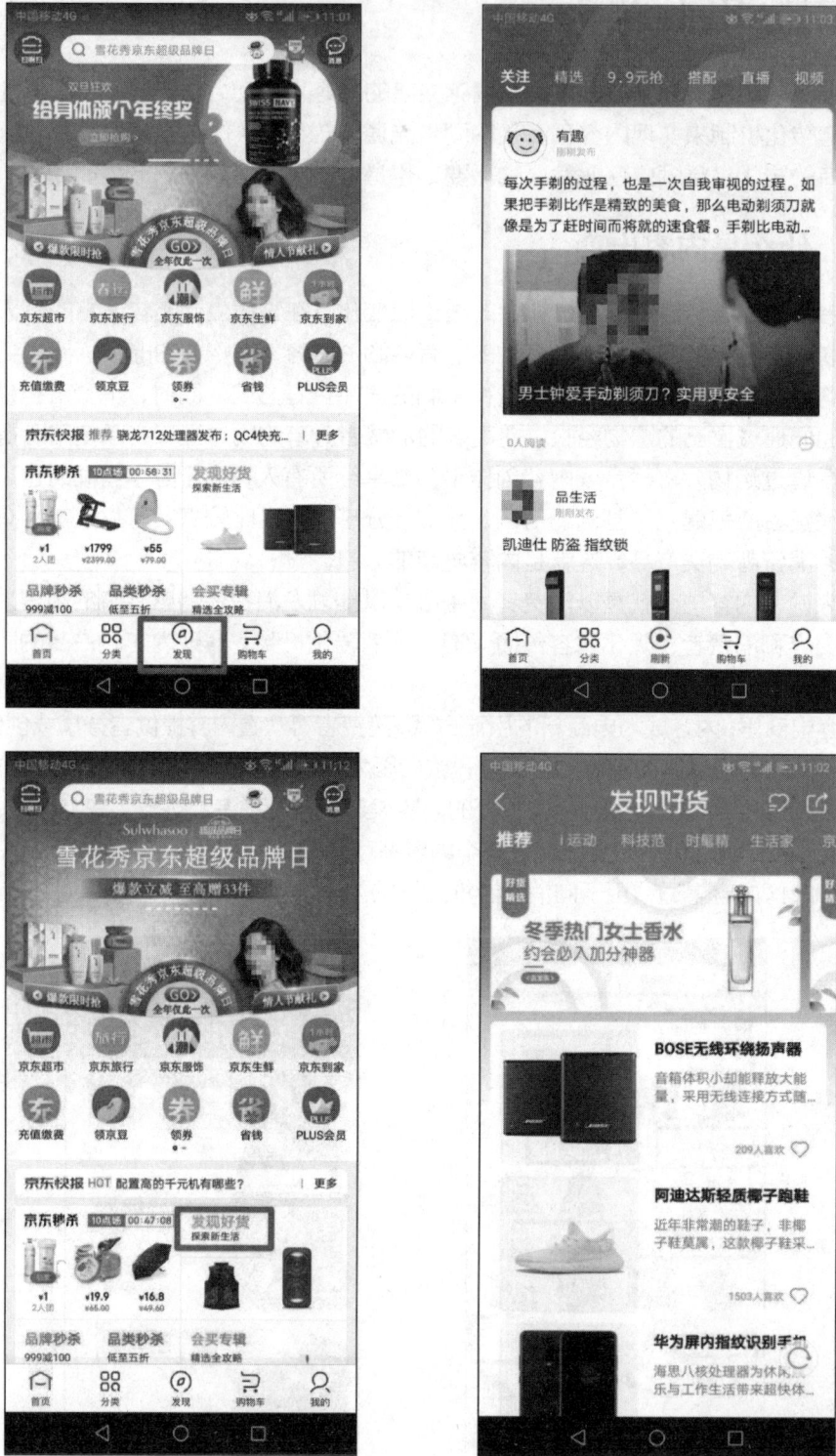

图 2-2 京东内容导购页面

再如，出现比较早的购物分享网站——美丽说、蘑菇街，就是通过购物达人的内容推荐达到导购的目的。而小红书将这种内容导购做到了极致，它融入了很多社会化元素，包括好友关系的建立、回复、分享和收藏等，如图 2-3 所示。

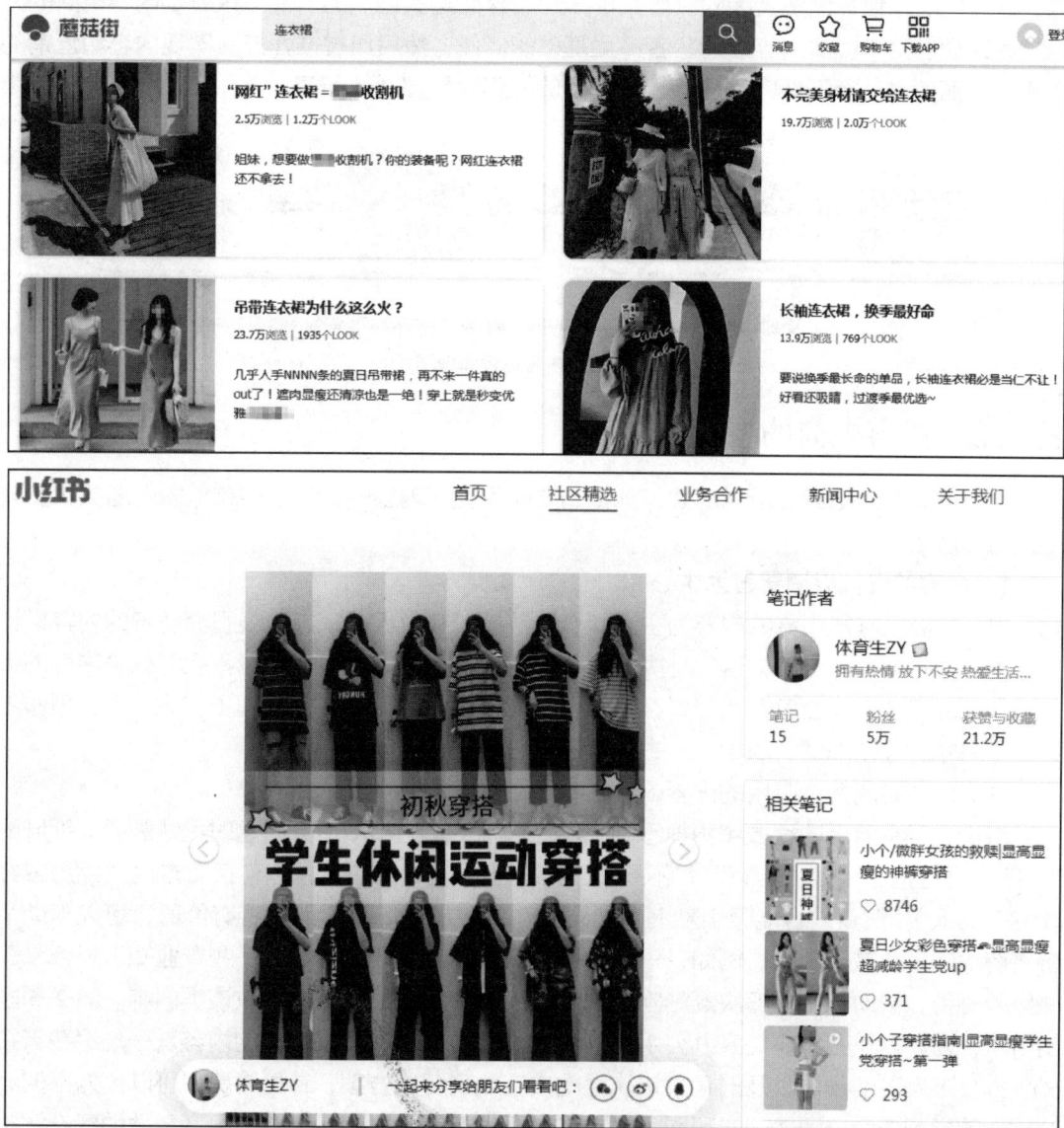

图 2-3　蘑菇街、小红书内容导购页面

同时，各大电商平台开始注重内容带来的流量，商家更是紧跟平台的号召。例如，不走寻常路的商品文案总能让消费者眼前一亮，随即买单；类似"故宫淘宝店铺"的诙谐幽默的运营文案，也能让消费者记忆深刻；今日头条的诸多"三农"领域创作者，借助消费者对农村原生态生活的关注度，拍摄农村题材的视频内容——当地独特的生活现象、不一样的风土民情、当地日常的农村生活细节，吸引了很多人的浏览和关注，在持续推出视频内容的同时，推出当地的特色农产品进行售卖，做到了从内容到电商的变现。再如，母婴领域的"年糕妈妈"，抓住新手妈妈初为人母的焦虑，以专业的医学背景向消费者分享专业的育儿知识、教育理念，在推送这些内容的同时推荐一些相关的母婴产品，由于消费者通过内容已经对"年糕妈妈"建立了一定的信任基础，自然相信她推荐的一些产品，"年糕妈妈"也建立了自己的微信商城，使内容跟产品的销售结合起来。独特的文案、"三农"视频、育儿知识都是内容，这些总能让目标消费者因为认可其创作的内容而购买他们的产品，这就是内容电商的力量。商家通过生产优质内容让消费者产生基础的信任，然后通过推荐产品实现内容和营销的同步，从而建立一个循环的内容和营销关系的闭环，如图2-4所示。

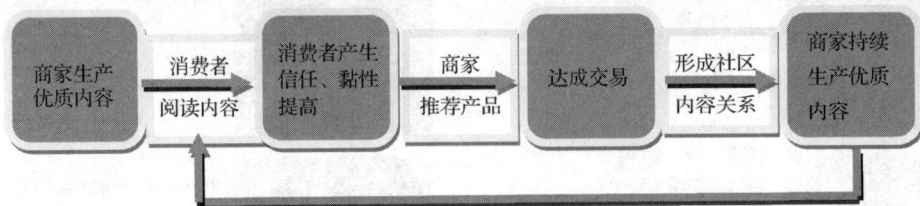

图2-4　内容运营原理图

2.1.2　内容电商的特点

内容电商作为电商的新兴形态，其特点主要体现在内容的设计、转化机制的源头和参与主体的价值上。

1. 内容的设计以消费者为中心

内容电商以其能引流的内容为主要媒介，链接消费者和商家，能吸引消费者的内容设计大多是以消费者为中心的，这也是决定内容导购效果的核心因素。消费者此时既是内容的阅览者，又是产品购买的意向消费者，为了实现内容阅览和销售转化的同步实施，内容创作者在设计内容时应以消费者为中心，主要有以下几种方式。

（1）设计对消费者有用的内容

每个人都有熟悉的领域和不熟悉的领域，在不熟悉的领域碰到问题时，就需要该领域的"专家"进行指导（该"专家"并不局限于行业能手或专业能手，还包括有过同类经历或经验的一类人）。很多内容能吸引到消费者阅览，主要是该内容对消费者有价值，可以帮助消费者解决问题或减轻负担。例如，一些教程类的内容，会教授消费者一些专业知识，分享一些经验心得，帮助消费者解决疑难问题，所以，消费者才愿意持续关注该类内容。图2-5左图所示，为针对一些需要提高办公水平的人，推送的一些办公技巧类的内容。一是消费者在碰到办公难题的时候可以及时通过该账号的内容找到解决方案，二是消费者可以作为平时办公软件的学习资料。图2-5右图所示为"点点医生"公众号会从医学的角度帮助消费者解决相关问题或疑虑。

再如，很多淘宝微淘的内容设计也是以帮助消费者解决问题为目标的，如图2-6所示。时尚达人通过发布一些教程类内容帮助关注的消费者解决穿搭难题；家居店铺的微淘账号会时常推送一些"生活小妙招"帮助消费者轻松解决家居小问题，得到了消费者的关注和喜爱。

（2）设计消费者感兴趣的内容

以消费者为中心的内容还包括消费者感兴趣的内容，也叫兴趣点内容。内容创作者通过对目标消费者的画像进行分析，得出目标消费者的兴趣点是哪些，根据他们感兴趣的这些点对内容进行设计，通过推送他们感兴趣的内容来达到吸引、留住他们的目的。消费者感兴趣的内容往往是能触动他们的内容，内容创作者通过设计与消费者情感共鸣的内容，让消费者对内容产生信赖，并愿意持续关注。

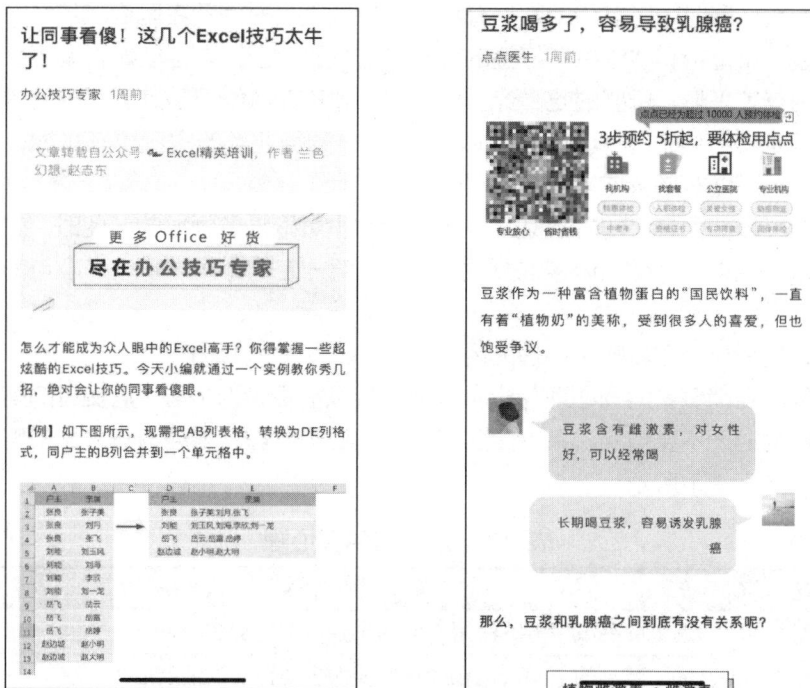

图 2-5　教程类内容 1

图 2-6　教程类内容 2

设计消费者感兴趣的内容，重要且比较困难的是，要清楚消费者对哪些内容感兴趣，解决这个问题，需要内容创作者个人丰富的工作经验和生活经验，以及对生活和工作中的问题积极思考的习惯，同时，可以借助数据分析工具以及平台对消费者画像的统计分析。例如，根据生活经验，一位带有"宝妈"标签的 35 岁左右的女士，内容创作者就可以推断她可能对母婴类的内容感兴趣，母婴的吃、穿、住、用、教育等可能都是她感兴趣的内容；如果她的另一个标签是"工作"，就可以推断她可能对工作的行业类的内容也感兴趣，还可以根据生活经验预判她可能对旅游感兴趣。

消费者感兴趣的内容可能不是某一个领域的，也可能是多领域的，此时，就需要根据内容运营的整体定位进行兴趣点内容的投放，可以按照一定的比例对多个兴趣点的内容进行错时投放。

（3）设计能满足消费者购物心理的内容

设计能够满足消费者购物心理的内容也能体现以消费者为中心。消费者的购物心理决定了消费者在购物时要不要购买，只有达到了一定的心理状态，才会有进一步的购买行为，消费者购买心理如表 2-1 所示。

表 2-1 消费者购买心理

心理状态	释义
求实心理	以追求商品或劳务的使用价值为主要目的的消费心理
求美心理	以追求商品的艺术价值和欣赏价值为主要目的的消费心理
求便心理	这里的方便是指消费者购买方便或携带方便
攀比心理	消费目的是满足好奇心理，不甘落后，在炫耀心理诱导下的购买动机
从众心理	在从众心理诱导下的购买动机

内容创作者在设计内容时，将消费者心理考虑到内容中去，消费者在浏览这些内容的时候能够被激发某种心理共鸣，就达到了内容的目的。例如，很多内容的结尾鼓励大家参与讨论、留言就是为了满足消费者的被重视心理，提高消费者的参与感；今日头条的"三农"领域创作者也是抓住了人们的怀旧心理，利用了人们对童年生活的农村景象的怀念，从而吸引了很多人的关注。

2. 内容是销售转化的源动力

在内容电商中，内容是制胜的法宝，内容直接决定营销的效果，它是销售转化的源动力。内容电商的运营重在内容，而非传统电商运营的产品运营、平台运营、流量运营。内容电商通过设计符合产品定位、消费者定位的内容达到吸引粉丝、提高转化的目的，在这个过程中，内容是决定转化效果的关键因素，是营销转化的源动力。究其原因，主要有两个，一是内容建立了一个消费场景，二是内容促进了买卖双方的情感关系的建立。

内容电商中，消费的方式不再是消费者在琳琅满目的货架上挑选，也不再是商家通过平台硬广推送产品给消费者，而是商家帮助消费者构建一个消费场景，让消费者在这个场景中决定自己的购买行为。在这个场景中，消费者仿佛置身其中，仿佛能预测到自己购买之后的幸福感，从而促进消费者产生购买行为。

传统的电商关系中，买卖双方的关系仅限于"买"和"卖"，甚至是对立的关系，而内容电商改良了这种关系，让买卖双方建立了具有信任基础的情感关系。因为在内容运营的过程中，商家运营的不仅仅是店铺，还负责通过内容的设计经营良好的买卖关系。此时，"卖"不再是商家的终极目标，终极目标变成了经营高黏性的消费者关系，以达到更高的营销转化。

3. 各参与主体价值提升

内容电商的参与主体不再仅有商家和消费者，还有专业的内容创作者。内容电商的发展，催生了内容创作者的职业，同时，各大平台也认证了一批内容机构，内容机构又孵化了一批行业达人，这些机构达人以团队创作内容的优势，形成了自己的专属内容账号，不但可以创作导购内容，获取推荐商品的销售佣金，也可以承接商家的内容广告。不管是具有团队优势的内容创作者，还是单打独斗的个人，都以内容创作者的身份进入内容电商的大军里，他们是内容电商里内容提供的主力军。

商家除了可以跟行业达人合作进行内容领域的创作和推广，还可以自建内容团队或新媒体团队进行内容电商的探索和开发。很多的中型电商公司都成立了专门的内容运营团队，主要负责企业的产品的内容生产和投放，探索企业的产品或店铺的内容运营策略。

在整个内容电商的探索和应用中，商家、内容创作者、消费者等参与主体的价值都得以提升。商家通过内容领域的运营操作，扩大市场份额，降低运营成本，提升店铺形象，稳固消费者关系；内容创作者通过向有需求的商家提供导购内容，获得推荐产品的销售佣金或服务费；消费者则通过内容创作者的内容，简化购物流程，改良购物体验，最终选择合适的产品。

2.2　内容电商的背景

相对传统的平台电商或货架电商、流量电商，内容电商是电子商务的新型运营模式。从传统电商到内容电商的运营思维的变化，不是平台单方面改变规则，也非运营者故意玩新鲜，而是电商发展的生态环境驱使的，主要是流量成本的增加、消费者获取信息的方式越来越多、消费者需求的升级驱动的。

2.2.1　流量成本的增加

传统电商大多以低价营销为主导，平台在发展的上升期对商家的扶持力度较大，竞争并不激烈，商家的流量投资的回报比较乐观。而对于消费者来说，传统电商的这种类似于商超货架展示的形式，无疑是既便捷又低价的，使得电子商务快速发展。等到电子商务快速上升期结束，消费者对网购的决策越来越理智，低价策略并不能很好地保持消费者的黏性，加之一些低价产品的质量问题不断出现，消费者对商家的信任度减少，购物体验感变差，对商家直接推送产品的硬广告越来越反感，这也进一步加剧了商家流量成本的上升。传统电商的流量红利期已过去，流量开始逐渐被分散，平台开始进入缓慢发展期或衰退期。商家的运营靠传统的购买流量的方法已经难以为继，商家纷纷将运营的重心由直接购买流量转向通过内容吸引流量。

另外，电商平台的发展也让流量逐渐分散，流量呈现去中心化的趋势。商家回笼分散的流量就更加难，也是流量成本增加的重要原因。图 2-7 所示为互联网周刊公布的 2018 年综合电商平台排名，除了排名靠后的我们不熟悉的电商平台，还有很多的电商平台不被我们知道，例如垂直电商平台中，母婴领域的"爱幼爱"、体育领域的"Keep 商城"；跨境电商平台的"豌豆公主"等。

综合电商	
排名	平台
1	天猫
2	京东
3	唯品会
4	亚马逊
5	苏宁易购
6	网易严选
7	国美
8	当当
9	1 号店
10	微店 – 买家版
11	一淘网
12	蘑菇街
13	指动生活
14	YOHO 有货
15	礼物说

图 2-7　2018 年综合电商平台排名

2.2.2　消费者获取信息的方式增多

近年来，随着移动网络的覆盖和新媒体的发展，几乎人人都能体会到"信息爆炸"带来的改变，打开手机就是全世界，人人都是信息源。在时间有限的情况下，消费者更愿意点击自己认为更有用、更感兴趣的信息。同时，消费者不再依赖于从媒体大号上获取信息，也可以从内容创业者那里获得自己需要的信息。面对铺天盖地的移动媒体信息，内容成为消费者选择的依据，社会化信息如此，电子商务营销类信息亦如此。商家不再通过单一的商品介绍的方式把产品发布好等着消费者点击，而是选择更多的媒介，通过不同的媒介渠道将商品以具有某种内容偏好的形式展示给消费者。电商领域常用的新媒体推广渠道如表 2-2 所示。

表 2-2　电商领域常见的新媒体推广渠道

渠道分类	举例说明
购物平台类	主要是购物平台的内容导购社区，如淘宝的微淘、京东的发现等
双微	微信（公众号、朋友圈、小程序、微店）、微博等
资讯类	今日头条、一点咨询、搜狐号、百家号、大鱼号、企鹅号等

2.2.3　消费者需求的升级

随着人们物质生活水平的提高，社会商品的供应能力大大提升，消费者的需求也越来越高。由最初的满足基本生存需要，到后来提升到生存得更好，再到现在的情感需求。原来的把产品做好、把产品摆放到货架上的方式已经不能满足消费者的购物需求了，面对网络上琳琅满目的商品，消费者越来越注重购物体验和购物场景，在购物的过程中有了情感加入的需求。很多时候，购物不是购买物品本身，而是消费者在购物时的情怀、个性、购物的场景和过程。例如百草味的"抱抱果"，成功抓住了为生活努力拼搏奋斗的都市青年男女对温情的渴望，让百万消费者为情怀买单，创造了新品单月销售千万元的佳绩。

此时，消费者买东西不再是单纯地需要这个产品，而是内心的某个情怀被触碰了，新的需求就出现了。消费者在淘宝店铺相中了一件衣服，让他做出购买决策的可能是这家店铺的一句文案打动了他，也可能是某个装修元素让他产生了共鸣；消费者在今日头条上购买了三农达人推荐的农产品——红薯，可能是因为他看了"三农"内容创作者拍摄烹饪红薯的视频；或者是消费者因为习惯了"罗辑思维"的陪伴，不管是他推出的月饼还是鲜花，图书还是演出票，消费者都可能会购买。

2.3　内容电商与传统电商的区别

如果要为电商的发展史划一条线，那这条线的两边分别是传统电商和内容电商，传统电商讲究"物以类聚"，而内容电商则注重"人以群分"。传统电商的模式是消费者通过搜索、浏览、比价等操作进行购买；内容电商的运作逻辑是为消费者提供他们喜欢的文字、图片、视频、直播等内容，让消费者在欣赏内容的过程中获取商品信息、做出购买决策。可以说，传统电商是等待消费者前来购买产品的被动状态，而内容电商是主动吸引消费者来购买产品。

因此，从运营的角度来讲，内容电商和传统电商的区别主要体现在运营主体和变现方式上。传统电商的运营重心在流量和商品上，而内容电商的运营重心在内容和消费者上；传统电商的变现方式很单一，主要通过商品的在线交易进行变现，而内容电商通常指广义的电商行为，变现方式多样化。

2.3.1　运营流量到运营内容

传统电商也可叫作流量电商或搜索电商，主要靠商家的付费流量进行引流，运营者的主要工作内容是买流量、测款、盯数据；而内容电商的运营者的运营重心是内容，旨在通过运营优质的内容进行引流，如某天猫店铺成立专门的新媒体部门，主要负责店铺微淘、文案、直播的内容运营。这里的内容可以理解成宽泛的大内容，即一切能帮助商家吸粉、固粉的方案、文案、图片、视频、活动等都称为内容。

2.3.2　运营商品到经营消费者

传统电商的运营者运营的重心是商品，运营者通过对商品卖点的打造、关键词的搜索设置让消费者可以快速搜索到目标商品，对消费者来说，获取商品的过程是被动接受的；而内容电商的运营者的运营重心则由商品转变成消费者，根据消费者选择销售的商品并进行调整优化，旨在通过对消费者的一系列运营，让消费者转变成客户。其运营的内容包括前期的消费者心理分析、潜在需求预判、人物画像分析、售前消费引导、售中服务、售后服务、提高黏性、提高转化等。

2.3.3　单一变现到多样变现

传统电商的变现方式比较单一，即通过商品的在线交易进行变现，所以传统电商也称作交易电商；而内容电商的变现方式除了商品交易变现外，还可以通过知识付费变现、租借广告变现、转型变现。内容电商里的内容，不只是单一地推荐商品，还会有消费者感兴趣的各种各样的内容，这些内容逐渐培养了目标消费者的阅览习惯，为后续的消费者转化奠定基础；而内容提供者可以凭借自己内容 IP 的影响力进行坑位变现，从而完成内容服务变现、租借广告变现。

2.3.4　消费场景从货架到导购

传统电商是货架式电商，消费者面对琳琅满目的货架上的商品，时常会因为选择的问题而烦恼。而在内容电商模式下，消费者不用再辛苦地"货比三家"，而是由内容创作者帮消费者先筛选了一遍，并将筛选出来的商品进行深度剖析，帮助消费者选择最适合的商品和服务。消费者的消费场景已经由货架式场景优化到了商品使用场景。

2.4　内容电商的两种主要模式

内容电商强调的是借助互联网、围绕内容进行的商务活动，也可以理解成一切由"内容+电商"的活动都是内容电商。目前，内容电商常见的两种模式是内容电商化和电商内容化。概括来说，内容电商化是指运营主体先做垂直领域的内容，通过内容吸引相应粉丝，在有一定粉丝量的基础上引入盈利的商品或服务；电商内容化是指运营主体本身就是做电商的，在原有电商模式上引入相应的内容运营和优化操作，旨在通过内容吸引粉丝、提升品牌形象、扩大销量。

2.4.1　内容电商化

内容电商化也是近几年比较热门的一个现象，移动网络的覆盖和新媒体平台的发展降低了内容创作的门槛，内容的传播壁垒被打破，借助于移动互联网，任何人和机构都可以零成本、随时随地在网络上发布内容。因此，除了专业的内容生产机构有针对性、有目的性地生产内容外，还出现了一大批个人内容创作者，他们在各自熟悉、擅长的领域创造出了很多优质的内容。最初，这些内容创作者甚至并不知道内容可以做电商，内容创作可能就是自己的一个文娱项目而已，随着内容创作者的持续的内容生产，积累了一定的账号权限和粉丝，这些粉丝对他们也有了基础的信任感和依赖感，内容创作者做内容电商的机会就到了，通过内容进行商品变现就水到渠成了。

　　一般情况下，这些内容创作者从一个新媒体渠道的账号开始，为了笼络更多的粉丝，逐渐拓展其他更多的新媒体平台，形成自带 IP 的账号矩阵。例如，"年糕妈妈"除了最开始的微信公众号，还有今日头条等账号；内容的形式也是多样化的，从图片文字到视频直播均有涉及；从内容引入电商，变现的方式也开始多样化，"年糕妈妈"除了通过"年糕妈妈优选商城"销售儿童用品变现，还通过"年糕妈妈学院"以知识付费的形式售卖育儿课程。再如今日头条的"三农"领域创作者，除了头条账号，也可以同时开通搜狐号、百家号、微信公众号等；除了通过账号直接售卖农商品变现外，还可以通过接收广告的形式变现、获得平台广告分成的形式变现。

2.4.2　电商内容化

　　当越来越多的电商从业者发现出钱买流量不再有效时，发现消费者对内容引导的商品热情更高，便开始在内容上下功夫，通过多种渠道布局内容矩阵。各大购物平台也都着力布局内容渠道矩阵，手机淘宝首页的微淘、有好货、极有家、淘宝直播、每日好店等，将流量的入口结合了内容导购；淘宝商家通过微淘的形式引粉、固粉，通过淘宝达人的内容输出进行营销，通过商品详情页的内容优化提高消费者的转化率，通过自媒体账号扩大影响力。例如，天猫化妆品商家利用微淘页面推送护肤类内容，女装商家开通自己专门的微信公众号或头条账号，通过图文或视频的形式发布"女装搭配指南"类内容，如图 2-8 所示。

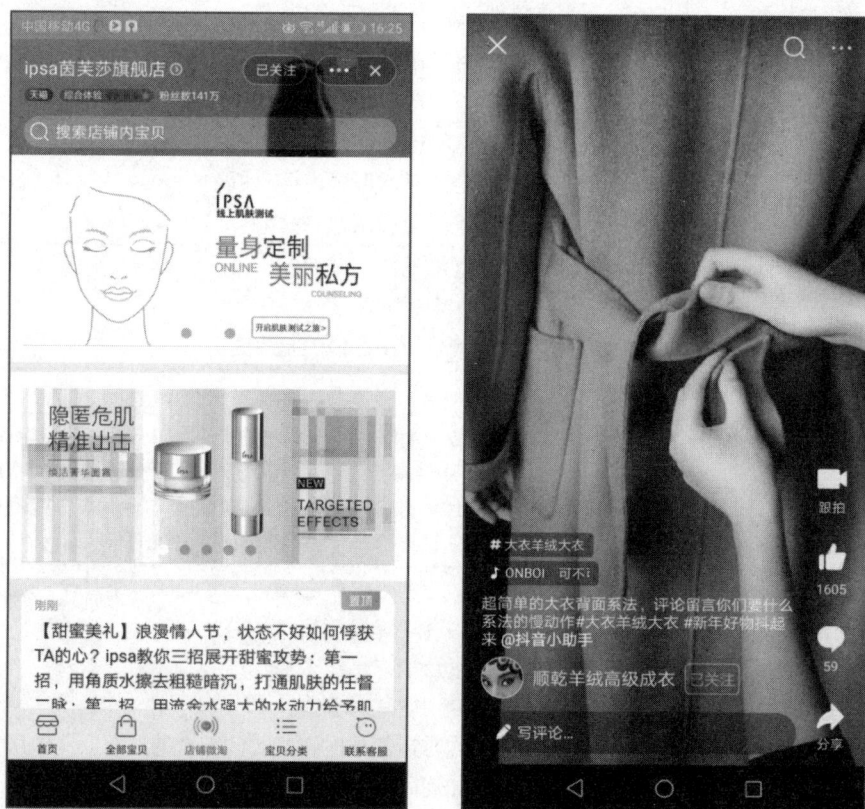

图 2-8　电商内容化页面

思考与练习

（1）举例说明你是如何理解内容电商的。

（2）你认为内容电商的背景有哪些？

（3）举例说明传统电商和内容电商的区别在哪里。

（4）分别举例说明内容电商有哪些模式。

（5）小丽生活在广西偏远山村，家乡有很多果树，主要是橙子。由于当地市场不大，多年来，果农苦于果子的价格卖不上去，销量也很低，每到旺季，只有将卖不出去的果子倒掉。小丽想大学毕业后回乡创业，做电子商务，实现自己价值的同时也能帮助家乡的父老乡亲。

你是小丽的好朋友，请给她一些建议。

本章任务书

任务书 2.1	
学习领域	内容电商的相关概念、内容电商的模式
学习目标	知识目标：了解内容电商的基本概念、模式及特点 理解内容电商的基本运营原理 技能目标：能对内容和电商结合的项目进行分析 能对内容的基本形式进行分析 能做基本的分析汇报 素养目标：认识职业能动性的重要性 了解团队合作的重要性 具备案例分析和汇报的基本素养
姓名：	班级：　　　　　　　　　　　　学时：
任务背景	"年糕妈妈"成立于 2014 年，是一家提供母婴类内容、母婴电商等服务的平台，2018 年 9 月拿到了 B+轮投资。目前粉丝累计 1500 万，创作的阅读量达到 10W+的文章已达 1500 篇+，电商月均销售额 6000 万元，知识付费课程上线第一年销售额超过 5200 万元
任务要求	请分析"年糕妈妈"的内容电商之路，主要解决以下几个问题： 1. "年糕妈妈"的内容矩阵是什么？ 2. "年糕妈妈"的平台矩阵是什么？ 3. "年糕妈妈"的变现方式有哪些？ 4. "年糕妈妈"的内容运营与电商是如何结合的？ 5. "年糕妈妈"是如何做电商引流的？ 6. 你认为"年糕妈妈"的成功主要来源于哪些因素？

续表

任务书 2.1	
任务要求	7. 内容电商的成功案例，除了"年糕妈妈"，你还知道哪些？他们是如何进行内容运营的？
提交形式	PPT
考核标准	1. PPT 制作合格，符合 PPT 汇报的基本格式要求 2. 思路清晰，逻辑合理 3. 任务完整，能解决任务要求中的 7 个问题 4. 分析过程和分析结果是否一致
实施过程	
成果展示	
任务反馈	

任务书 2.2		
学习领域	内容电商的相关概念、内容电商的模式	
学习目标	知识目标：了解内容电商的基本概念和模式、特点 　　　　　理解内容电商的基本运营原理	
	技能目标：能对内容和电商结合的项目进行分析 　　　　　能对内容的基本形式进行分析 　　　　　能做基本的分析汇报	
	素养目标：认识职业能动性的重要性 　　　　　了解团队合作的重要性 　　　　　具备案例分析和汇报的基本素养	
姓名：	班级：	学时：
任务背景	背景一： 你写 PPT 时， 阿拉斯加的鳕鱼正跃出水面； 你看报表时， 白马雪山的金丝猴刚好爬上树尖； 你挤进地铁时， 西藏的山鹰一直盘旋云端； 你在回忆中吵架时， 尼泊尔的背包客一起端起酒杯在火堆旁。 有一些穿高跟鞋走不到的路， 有一些喷着香水闻不到的空气， 有一些在写字楼里永远遇不到的人 <div align="right">（淘宝店"步履不停"文案摘取）</div>	

续表

任务书 2.2	
任务背景	背景二： 2017 年 5 月开始，淘宝天猫已经发生一系列的重大变化，整个淘宝全新改版，为此，各大商家逐渐开始重视平台内的内容运营，徕卡旗舰店也不例外。在平台私域内容运营方面，微淘是最重要的阵地，是内容营销中店铺最容易把控的免费流量。 徕卡微淘运营之初，店铺便有专人负责，一开始是店铺自己找一些品牌的商品知识、品牌故事、活动预告等内容进行发布。在初期微淘互动不活跃的情况下，坚持发布原创内容，逐步积累原始数据，同时也提高消费者的互动积极性。 2017 年 5 月，微淘代运营团队向徕卡品牌方汇报完微淘的运营数据后，品牌非常重视这块内容，每天同步更新品牌官方微博、微信的内容，每半个月一次由品牌与团队共创内容。从开始的每天发布两条权限，到三条权限，进而晋级为打标"优选好店"后，获得了每天发布四条内容的权限，除去节假日外，店铺每天的微淘都会将四条权限用完，也就意味着店铺在 10W 关注的粉丝中，每天都有四次曝光的机会。 目前徕卡微淘处于 W5 层级，打标"优选好店"，日均 1W+的曝光量，粉丝 7 日回访率高达 58%，日均微淘发布 3 条，日均微淘粉丝增长150 人左右，月均引导支付金额 40W+元，占店铺月均销售额的 20%左右，最高单日引导支付金额 20W+元
任务要求	1. 请分析步履不停淘宝店和徕卡旗舰店文案的特别之处，说一说这样的文案对店铺有什么样的帮助。 2. 请分析徕卡旗舰店的内容营销渠道有哪些。 3. 总结淘宝平台的内容营销有哪些渠道，各有什么特点。
提交形式	PPT
考核标准	1. PPT 制作合格，符合 PPT 汇报的基本格式要求 2. 思路清晰，逻辑合理 3. 任务完整，能解决任务要求中的 3 个问题 4. 分析过程和分析结果是否一致 5. 列出淘宝平台的内容营销渠道（需超过 6 个）
实施过程	
成果展示	
任务反馈	

03 Chapter

第 3 章
内容规划

【学习目标】

➢ 了解内容规划的概念和意义。

➢ 掌握内容规划应包含的基本要素。

➢ 掌握内容规划的基本要求。

"凡事预则立，不预则废。"有了规划，就相当于有了方向和目标，防止在后期的实施过程中出现偏差和错误。内容运营也不例外，通过对各个环节和各个要素进行分析和统筹规划，内容运营就会更科学、更精准。

3.1　内容规划的概念和意义

内容规划是做好内容运营的第一步，也是比较关键的一步。如果做内容运营只是运营者根据一时的思路和灵感进行创作和投放，或者根据采编人员的感性认识决定创作什么内容，或者只是根据运营者的时间进行推送，那内容运营这条路无疑是走不长的。内容规划不是根据运营者想当然、自认为的思路进行制作。了解为什么要做内容规划、需要规划哪些内容，是做好内容运营的基础。

3.1.1　内容规划的概念

内容规划就是针对未来一段时间内的内容如何定位、如何创作、创作什么样的内容、创作量是多少、如何投放等一系列工作进行提前计划。内容规划不同于选题策划。选题策划一般是对一篇内容的细致安排，而内容规划是对一个内容账号的长期内容进行的统筹安排，是战略性计划。例如，在创作一篇公众号文章之前，运营者需要全方位考虑、多次斟酌，着重解决以下问题。

- 你的内容是给什么样的人看的？
- 他们具备什么样的特征？什么样的内容风格适合他们？
- 你创作内容的目的是什么？
- 你在这个领域进行内容创作具备什么优势和资源？
- 你的长期内容计划是什么？什么时间推送？
- 你打算在哪些平台上推送你的内容？微博，微信公众号，百家号还是其他？
- 这些平台都具备什么特征？
- 你的内容形式是什么？是图文、图片，还是视频？

3.1.2　内容规划的意义

作为内容运营者，如果前期没有清晰明确的规划，可能经常会出现找不到内容创作的方向，策划不出好的选题，或者热点出现了，但是不知道该不该追、如何追。如果前期对内容运营有着明确的规划，相当于有了方向和拐杖，能帮助运营者思考往哪里去、如何去。

做好内容规划的目的是保证持续提供有价值、符合预期的优质内容。内容运营的目的是传递品牌调性、传递产品价值。在这个过程中，能帮助传递价值的要素，传递价值的形式和时间等，都会影响内容运营的效果，而内容规划就是对这些过程的检测，通过前期的分析和准备，保证后期的每一个环节和每一个相关要素都尽量符合预期。

同时，内容规划能帮助运营者判断自己适不适合做这份工作，能不能做好。很多内容运营者看到别人拍拍视频就能赚钱，觉得挺容易，自己就不加分析地加入，做了之后才发现没有想象的简单。

3.2　内容规划应包含的基本要素

3.2.1　定位规划

内容规划中，第一要做的事情就是内容的定位，也就是要明确创作什么样的内容，内容给谁看，他们具备什么样的特征，他们喜欢什么样的内容。定位解决的是生产什么内容的问题。明确的定位能帮助运营者制订一份清晰无误的内容规划；帮助运营者实现吸引精准粉丝的目标，从而实现内容商业化变现的目标。

那么，该如何给自己的内容进行定位呢？不是在公众号上发现一篇阅读量超过 10 万的文章，就跟风模仿，也不是哪个领域的内容最受欢迎就迎头而上，人云亦云的内容终究是不能吸引目标用户的。精准的内容定位的步骤主要包含自身分析、用户画像、内容调性、定位复盘。

1. 自身分析

针对内容项目的初期策划阶段的定位，运营者首先要做自身分析，通过自身分析，确定内容创作的领域和方向。自身分析主要考虑自己的优势、可利用的资源以及能否持续输出。以自媒体内容创业为例，运营者首先要考虑的因素就是自己具备哪些内容创业的优势，这才是内容输出的最主要的来源。例如，"年糕妈妈"创始人李丹阳，她本人是浙江大学医学硕士，也是宝妈，比较注重对孩子的培养教育，并积累了大量的相关专业知识和经验，同时她本人十分乐意总结和分享，因此选择母婴类自媒体是十分正确的。每个人身上都具备多样化的特征，在判断自己优势的时候，先弄明白"我能提供什么内容？"可以将与自身特点相关的关键词进行罗列，汇总成个人优势罗列表，尽量全面，如图 3-1 所示。

基层管理	工商社保	电商培训	职业规划指导	人力资源管理培训
市场营销	销售技巧	中层管理	电商团队组建	自媒体创业
面试技巧	行政事务	客服培训	战略分析	电商创业指导
电商策划	人事管理	活动策划	简历美化	公司诊断	心灵鸡汤
情绪管理	幼小托管	视觉设计	内容运营	情感分析	财务税务
育儿指导	性格分析	团队管理	社群管理	文案编辑	幼儿教育
家庭关系	情感导师	美食制作	新媒体运营	微商创业指导

图 3-1　个人优势罗列表

再根据罗列出来的关键词进行归类，将所有关键词按行业或领域进行归类处理，分为若干个主题，将每个主题下的关键词进行合并，汇总成一个能提供该领域内容的角色，如表 3-1 所示。

表 3-1　个人角色分析表

分支主题 1	分支主题 2	分支主题 3	分支主题 4	分支主题 5	分支主题 6	分支主题 7	分支主题 8
基层管理 中层管理 团队管理 战略分析 公司诊断 客服培训 电商高层	市场营销 电商策划 销售技巧 社群管理 电商培训 活动策划 视觉设计 电商团队组建 内容运营 新媒体运营 文案编辑 资深电商运营	面试技巧 人事管理 职业规划指导 简历美化 人力资源管理 培训 面试专家	情绪管理 性格分析 家庭关系 情感导师 心灵鸡汤 情感分析 人生导师	自媒体创业 电商创业 微商创业 指导 创业导师	育儿指导 幼儿教育 幼小托管 育儿专家	工商社保 行政事务 人事管理 财务税务 创业者	美食制作 美食爱好者

内容一定是有人愿意看才有价值，当明白自己能提供什么内容的时候，也需要考虑提供的内容对他人来说有没有价值，对哪些人有价值。个人角色对应目标人群如表 3-2 所示。

表 3-2　个人角色对应目标人群

电商行业管理层	电商行业执行层	求职者	人生受挫折者	创业者	初为父母者	创业者	美食爱好者
基层管理 中层管理 团队管理 战略分析 公司诊断 客服培训 电商高层	市场营销 电商策划 销售技巧 社群管理 电商培训 活动策划 视觉设计 电商团队组建 内容运营 新媒体运营 文案编辑 资深电商运营	面试技巧 人事管理 职业规划指导 简历美化 人力资源管理 培训 面试专家	情绪管理 性格分析 家庭关系 情感导师 心灵鸡汤 情感分析 人生导师	自媒体创业 电商创业 微商创业 指导 创业导师	育儿指导 幼儿教育 幼小托管 育儿专家	工商社保 行政事务 人事管理 财务税务 创业者	美食制作 美食爱好者

对比表 3-1 与表 3-2 所示内容，对自身资源和资源是否能够长期进行内容输出进行分析，选择一个对自身来讲最适合的领域。

　　擅长某一个领域，并不代表自己在该领域一定有很多资源可以利用，选择内容定位的时候一定要考虑到自己有哪些资源。例如，作为资深电商运营者，除了自己的运营经验外，可以考虑一下是否还有其他资源。例如，行业前沿资讯的获得渠道，合作过的公司可以提供哪些资源。

　　有了众多资源的支持，还需要考虑现有的资源是否能够长期支持输出该类内容，即内容和相关素材是不是源源不断的。只有具备稳定的可供长期输出的内容素材渠道，才能避免后期出现没有素材可供创作的情况。在内容运营团队创立初期，可能整个运营团队就一个人，这时候主要考虑自身的资源和优势；到团队发展的中后期，团队会壮大，这时候考虑的自身优势和资源指的就是整个团队的优势和资源了。团队整合起来的资源就是运营者的资源。

　　自身优势的分析还有另外一种情况，就是在已经有了传统的运营定位的基础上，反推出自己需要内容运营的哪些优势力量和资源。例如，正常运营的淘宝女装店铺，想着力打造自己的内容运营团队，这时候就需要根据自有产品和定位，反推出自己需要什么样的运营者，在组建内容运营团队的时候，就会根据自身产品和目标定位，联想到穿衣达人、编辑、运营经验、创新能力、时尚、渠道等关键词。

　　总之，对自身的分析主要考虑具备哪些优势、具备哪些资源、优势和资源能否长期输出三个方面。

2. 用户画像

　　"知己知彼，百战不殆。"做好一个精准的定位除了要了解自身，更要对目标用户的特点、喜好进行了解，掌握目标用户的浏览喜好和购买偏好，有针对性地进行内容引导和产品推荐。用户画像就是对用户性别、年龄、地域、收入、兴趣等专属特征的描述，相当于给用户的属性贴标签，明确用户的消费行为特征，洞察用户，让内容营销更精准。实际上，在营销的设计上需要构建用户画像，在用户的管理上需要构建用户画像，在进行内容定位时也需要构建用户画像。通过用户画像，关注用户的以下几个维度的信息。

- 用户背景：用户的基本信息，包括姓名、性别、职务、地域等。
- 信息来源：用户通过何种途径获取信息。
- 痛点、利益点：用户面临什么问题以及面临这些问题有哪些解决倾向。
- 媒介偏好：用户对什么样的内容、什么风格的内容感兴趣。

总的来说，用户画像包含用户的静态属性、动态属性、消费属性三个方面的特征描述。

　　静态属性就是用户的基础信息，也是用户画像构建的基础，主要包含用户的性别、年龄、地域、学历、职业、收入、身高、体重、婚姻状况等信息。图 3-2 所示为某天猫店铺的微淘用户性别占比情况。

　　从图 3-2 可以看出，目标用户中女性占比较大，因此，输出的内容或产品应符合女性的阅读习惯和审美要求。

　　动态属性是指用户在网络空间里活动的行为习惯特征，如出行方式、常用 App、社交习惯、娱乐偏好、阅读偏好、审美偏好等。这些能用来判断其是否能成为目标用户，或者能用来判断应该输出什么样的内容和产品。

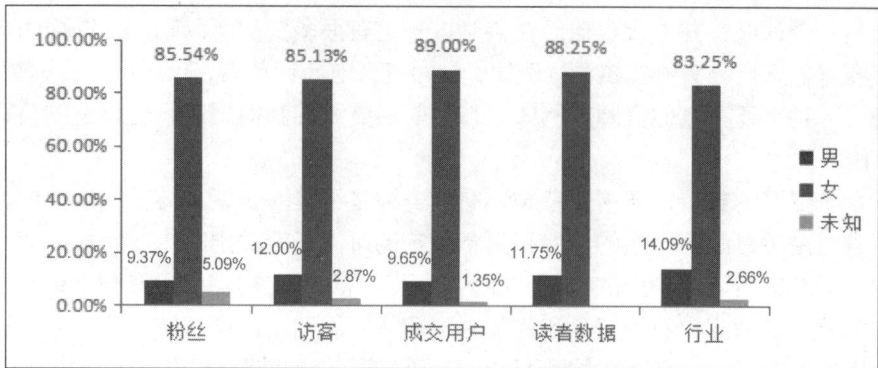

图 3-2　某天猫店铺的微淘用户性别占比情况

消费属性主要包括消费水平、消费偏好、消费心理，反映的是该用户对消费的态度，或者对花钱的态度，是追求高质量还是追求性价比，是追求实用价值还是追求情感价值。如某用户是通过搜索"折扣"被引导过来的流量，我们就基本可以判断该用户的消费层级和追求性价比的消费心理。这类用户既注重商品的质量和美观，又只愿意承担相对较低的价格，推送导购类内容就可以从常规的优惠活动入手，也要配合一些纯分享的知识点和兴趣点的内容。

如何对目标用户进行画像？简单来说分为两步，第一步是挖掘用户各项信息，第二步是给用户贴标签，对数据进行整理，使其更具有相关属性表现力，根据其属性表现力给其贴上对应的标签。用户画像的最终目的就是给用户贴标签，让内容的推送或产品的推荐更有依据。

（1）挖掘用户各项信息

工作量比较大也是非常重要的一步就是挖掘用户信息，需要注意信息的完整性、准确性、及时性、有效性。完整性就是信息不能缺失、不能有冗余；准确性是基础，要求信息不能有错，要准确无误；及时性是指信息的时效性，要分析时段内最近的信息，某些过时的信息已不具有参考价值；有效性是指信息对用户画像的分析是有价值的。挖掘用户信息的方法有很多，如问卷调查、平时记录和积累、利用第三方平台已有数据等。

问卷调查就是通过向目标用户发送调查问卷的形式了解相关目标群体的信息。在设计调查问卷时，注意表述简洁有效，不要有重复，同时问卷要包含需要调查的所有信息，越详细越好，越全面越好。

平时记录和积累就是在跟用户沟通或服务的过程中，客服或营销人员要及时记录用户的相关信息，以备后用。

目前，各个内容平台都有数据分析功能，基本能满足运营者用户画像和数据分析的需要。例如，淘宝的用户运营平台对用户画像的分析，基本能满足运营者创作微淘内容时对定位和规划的需求；百家号也有粉丝画像的功能，如图 3-3 所示。

我们可以通过第三方平台获得用户画像信息，常见的第三方平台有以下几种。

● 腾讯 DMP 数据管理平台。该平台通过开放丰富的数据分析能力，为合作方提供智能化的人群画像分析。

● Google Analytics。谷歌推出的网站流量分析工具，可以说是当前业界比较强大的流量分析工具，并且完全免费。

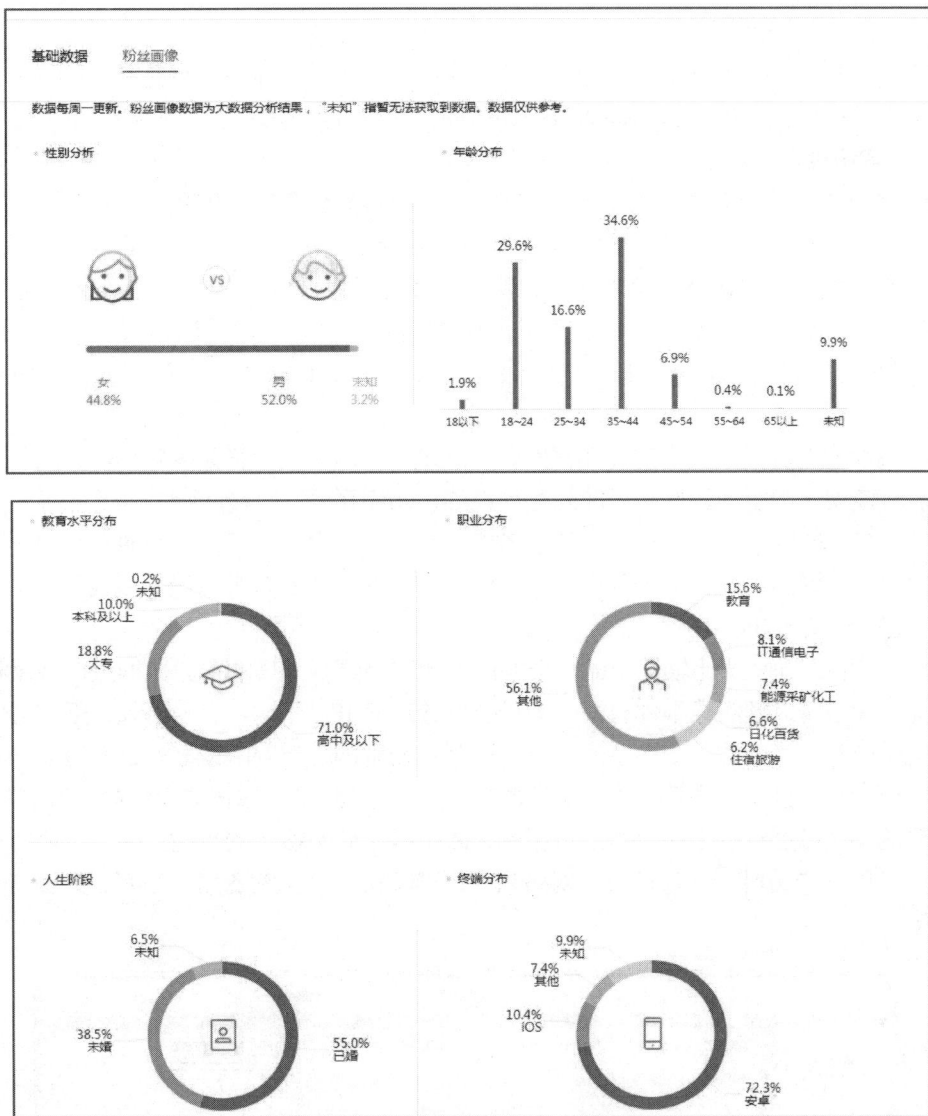

图 3-3　百家号粉丝画像信息图例

- 百度指数。百度指数是以百度海量网民行为数据为基础的数据分享平台。在这里，用户不但可以根据关键词定位相关人群画像，还可以研究关键词搜索趋势、洞察网民兴趣和需求、监测舆情动向、定位受众特征。

- 阿里指数。阿里指数是以阿里电商数据为核心，面向媒体、市场研究员以及社会大众提供的社会化大数据展示平台，提供地域、行业等角度指数化的数据分析，作为市场及行业研究的参考、社会热点的洞察工具。

- 新榜。作为中国移动互联网内容创业服务平台，新榜数据收录了庞大的内容数据。

- 艾瑞咨询。艾瑞咨询专注于互联网相关领域的数据研究、数据调研、数据分析，拥有海量数据，并建立多个用户行为指标，真实反映中国互联网整体和移动互联网市场客观情况，为目标用户提供市场决策依据。

要想获得用户相关信息，还可向专业的数据分析公司购买数据。

（2）给用户贴标签

运营者需要对用户的基本信息进行整理，使用户的相关属性更具有营销分析的价值。例如，某用户具有化妆、关注时尚等类似的关键词，就可以给他贴上"爱打扮"的标签。

3. 内容调性

做内容运营，除了要关注持续生产优质的，以及被目标用户喜欢、乐于分享的内容之外，还应让用户拥有一种内容的识别度，运营者要明确什么能写、什么不能写，明确内容风格是什么，就是内容调性，简单来说，就是内容的风格或 IP 风格。一旦在用户心中成功树立起来独有的内容调性，就可以在用户心中牢牢占据一个位置。例如，同为知识性内容社区，知乎的内容风格偏向认真、严谨、客观等关键词；而提到果壳网，人们却更容易想到有趣。

内容调性与内容受众人群的阅读喜好和产品定位息息相关，又关乎用户群体的年龄、知识结构、价值观。内容的调性是否能匹配用户的认知和喜好，直接影响内容的效果。如果是做 15～25 岁人群的个性产品推荐，除了选择具有个性元素的产品，创作的文案内容调性应是"嘻哈风""我行我素""活力四射"；而如果要做 25～40 岁年龄阶段的投资理财类产品，最好是严谨的、专业的、科学的。

对内容调性的确立，比较简单的一个办法就是利用同行大号的粉丝数据进行阅读喜好的分析。同行大号可以理解成跟你有同一类粉丝群的账号 IP，不限平台。例如，用户群体与某某明星的粉丝是一类人群，就可以通过分析该明星的微博粉丝的阅读喜好，作为创作者内容调性的一个参考。具体做法是：登录微博账户，进入管理中心，单击"大数据实验室"选项，复制大号的某条微博链接至微分析的分析框，即可得到该类粉丝的兴趣标签及热词分析；从而得出自己粉丝的语料、词频和语义网络倾向，推断粉丝对文案的用词喜好，如图 3-4、图 3-5 所示。

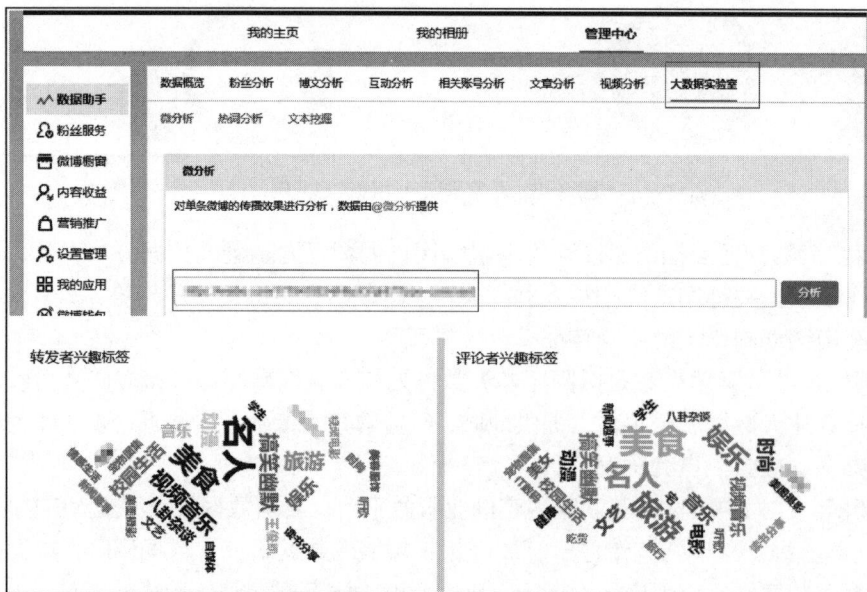

图 3-4　微博语义网络倾向分析图例 1

图3-5 微博语义网络倾向分析图例2

4. 定位复盘

定位复盘主要是对内容定位的再次检查确认，以防偏失或遗漏。定位复盘主要发生在两个阶段，第一次定位复盘是内容规划做好之后的检查，第二次是运营一段时间之后的再次确认定位。第一次的复盘主要是对内容定位的确认，可以使用的方法有自查和他查，自查主要是检查结果与过程的匹配度，他查主要是以第三者的角度发现当事人发现不了的问题。第二次复盘的主要关注点在目标用户画像的校准上，可以抽取一些目标用户的相关数据，根据关键词判断对目标用户的画像分析是否准确，需要将运营数据与初始定位进行对比，看看有没有偏差。

此外，针对已有平台和用户的内容定位，可以直接进入定位复盘的二次复盘阶段。就是在对已有平台的内容进行规划时，也需要对内容的定位进行重新复盘。

3.2.2 选题规划

在内容规划阶段，具体到内容的创作上，第一个需要考虑选题规划，也可以称作栏目规划。给内容做栏目规划的目的是让内容更加丰富、更有层次感，培养用户的阅读习惯；更重要的是让运营者在后期创作的时候有方向，避免内容主题偏题。

选题的依据主要是内容前期的定位，如做美食类的内容，选题上肯定都是跟美食相关的，如可以有"美食DIY""美食盘点""快食尚""旅行美食""健康美食""食材推荐"等内容栏目；女装类的则是跟搭配、时尚元素等相关的选题，如可以设置"上新""买家秀""种草""新风尚""福利社"等选题。选题一般是以账号栏目的形式显现出来，让读者对该账号的内容有一定识别度。

在选题的确定上，主要考虑内容的价值体现，也就是内容要传递什么样的价值信息。如果不清楚创作领域的内容有哪些价值，可以采取中心辐射法进行头脑风暴，如母婴类的内容，可以就"母婴"关键词进行辐射罗列，根据关联内容的重合度进行整合，筛选出可供选择的主题。图 3-6 所示为根据与母婴群体关联度强的吃、穿、住、用、行、护理、教育等问题，整合出的"好物推荐""长知识""亲子学院""育儿百科"等主题。

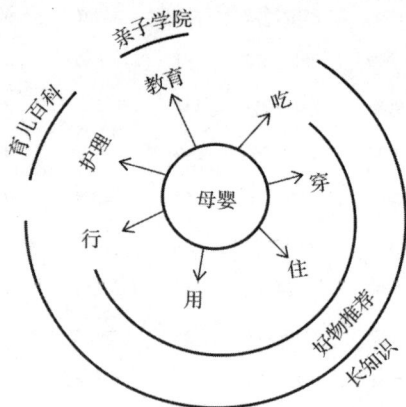

图 3-6　选题依据图例

3.2.3　内容形式规划

这里所指的形式主要是内容的展现形式，即内容是以什么样的形式展现给用户的，是文字还是图片？是视频还是直播？目前比较常见的内容形式主要有文字、图片、图文结合、视频、音频、直播等。我们主要分析电商领域常见的图文、图集、视频和直播的形式。

1. 图文内容

图文内容就是图片结合文字的内容，也是电商领域最常见的内容形式，如交易平台的产品详情页、微淘的图文帖子、公众号推文等。图文内容相对传统的文字文案提高了内容的可读性，视觉感受更好一点，配图除了能增加文章的观赏性，与文章匹配度高的图片还可以让文章质量跃升。虽然是图片和文字结合形式的形式，但是内容的核心表达还是在于文字，所以图文内容对创作者的文字表达能力要求较高。

图文内容虽然生产容易，但是优质的图文内容，门槛却很高，一篇好的文案不仅需要清晰的逻辑表达，还需要多年的知识积累，能引经据典、用数据佐证；文字的风格或严肃或幽默或文艺，需要很长时间来打磨。例如"六神磊磊"的推文篇篇阅读量超过 10 万，除了有对金庸作品的独特见解外，更离不开"六神磊磊"本人深厚的文字功底。

类似"六神磊磊读金庸"这样的公众号，除了平台要求的封面，推文的正文基本上是纯文字，我们暂且称其为图文内容。图文内容的图片与文字的组合方式也有两种，一种是一段文字、一张图片，一般加入图片是为了优化用户阅读的视觉感受；另一种是文字附在图片上，文字是对图片的更有深度的解读，如图 3-7 所示。

图文内容适合干货类文章、深度好文、短篇咨询等，如公众号推文、各大自媒体内容、淘宝微淘等。如果需要向用户传递有深度、有内涵、引发用户思考类的内容，则可以考虑采取长图文内容形式；如做产品推荐类的内容也可以用长图文形式，如测评类文章、种草类产品推荐文，品牌故事类、公司发展史类、新品介绍类推文，以及自媒体的情感倾诉、深度好文、专业性的知识普及等推文。

图 3-7　图文内容示例

2. 图集内容

如果文笔不是很好，但是审美观和图片制作还可以，可以考虑用图集的形式创作内容。图集就是由多张图片组合成的平面媒体，可以让用户在极短时间内接收到内容信息，同时视觉效果更好，一改大量的文字给用户造成的阅读疲劳情况。

图集内容的适用领域常见于社会生活、社会纪实、旅游民俗、民风民俗、老照片、自然景物、人文景观、文化娱乐、漫画手绘等。在创作图集内容时，需要考虑图片是否符合内容主题、图片质量、图片版权、图片描述、图片数量等问题。

图集内容常见于浅显的内容，让用户能直观、快速地接收到内容信息，如娱乐和搞笑领域。在电商领域较常见的有微淘的图集内容，一般是以九宫格的形式显示，如图 3-8 所示。

图 3-8　图集内容示例

如果是要向用户传递易理解、浅内涵类的信息，则可以考虑用图集的形式，如新品发布告知、活动告知、美景欣赏等。

3. 视频内容

单独的图片和文字有时不能满足用户对内容的深度和宽度的理解，视频则能以更形象、更生动、更充分的形式将要表达的内容展示出来，通过角色、动作、表情，让用户的感受更立体、更鲜活、更直接。淘宝平台的产品主图可以以视频的形式展示，让目标用户从多角度，更立体地了解产品；自媒体内容创业者，例如，在今日头条的内容创作平台，就有人利用拍摄搞笑视频吸引众多的用户关注。随着移动网络的普及和短视频平台的发展，视频的内容形式也已成为当下较为常用的营销方式。

电商领域的视频内容多是以短视频的形式制作的，淘宝的产品详情页的首页视频时长在60秒以内，各大自媒体的视频也在1～5分钟，比较符合大众对内容查阅时间的"短平快"的要求，其制作门槛也较低，传播速度快，深受用户喜爱。

在传播渠道上，短视频的应用就不如图文通用性高。短视频内容一般是在专门的视频网站上进行创作和传播的，如以抖音和快手为代表的社交媒体类，以西瓜、秒拍为代表的资讯媒体类，以淘宝和京东主图视频为代表的导购类视频平台。在进行购物类平台的内容布局时，平台有要求的则务必根据平台要求制作视频内容；在各大自媒体平台布局内容时，则需要考虑平台的内容适用性。例如，虽然可以在微信公众号上发布视频内容，但因其渠道的定位是深度图文内容，内容的布局则需要以图文为主，辅以少量的视频。对视频形式的内容布局主要是看渠道，再看内容本身。

4. 直播内容

这里所指的直播区别于传统的网络直播，传统的网络直播主要为秀场直播，主要依靠主播的个人魅力，并以休闲娱乐为主要内容。本书介绍的直播主要指电商直播，是商家获取粉丝与销售产品和服务的一种内容形式，属于消费类直播，直播效果主要依赖主播的带货能力。

2018年在淘宝平台直播的主播人数较前一年净增180%，淘宝平台上活跃的电商主播经纪公司多达600家。除了淘宝，近几年，聚美优品、蘑菇街、蜜芽……几乎所有传统电商平台都已加入电商直播领域。直播也逐渐成为内容电商的主要内容形态。

直播也可以看作是视频内容的另一种形态，但它比常规的视频更具场景性和互动性，让观众更有参与感和体验感，转化效果更好。

表3-3所示的四种内容形式为当下电商领域主流的内容表现形式，每一种形式都有其特点。在进行内容形式规划时，内容创作者要考虑内容形式的特点和渠道的适用性，选择合适、合理的内容形式。

表 3-3　内容类型对比表

	图文	图集	视频	直播
特点	图片可以增加文案的可信度；相比纯文字的形式视觉效果好；制作成本低，效率高，适用广泛	可读性高，内容比较直观，视觉感受好，信息量有限	表达内容更加形象、生动、充分，信息接受度高；场景化，更好的呈现细节；转化效果好；创意丰富，趣味性强；一次制作，多次使用	流量的及时性，效果快，用户能参与互动，不能多次使用，店铺直播不能带来权重

续表

	图文	图集	视频	直播
适用场景	深度内容	浅内容	碎片化场景	固定场景
技能要点	文字表达能力；知识积累	基础的图片处理能力；审美能力	设计，拍摄，后期制作	沟通能力，控场能力，应变能力

3.2.4　时间规划

不管是哪种形式的内容，通过何种渠道发布，都要十分注意时间的规划。时间的选择和规划决定内容的效果，在最佳的时间段内进行内容的推送，才能吸引更多的精准用户参与内容的阅读、分享、互动，达到内容的效果最大化目标。

时间规划是结合目标用户的阅读习惯来制订的，例如，一般选择一天中的四个时间段发布朋友圈，内容也是根据每个时间段用户的活动轨迹来制订的，如表 3-4 所示。

表 3-4　时间规划示例表

时间	6:20—9:00	11:30—14:00	16:40—19:00	20:30—23:30
内容	正能量类、新闻资讯、天气预报、交通路况、笑话、早安问好等	功效介绍、发货记录、收款记录等	个人生活类、咨询求助、生活感悟、搞笑段子等	产品广告、代理招募、晚安心语等

6:20—9:00 是大家起床的时间。一般起床前会先翻阅手机，这时候适合发布一些正能量类的信息，例如，早安问好、天气信息、交通信息等，"虽然昨晚下了一整夜雨，但是今天早晨太阳还是如约而至，美好的一天开始了，早安!"，再配上比较美好的图片，让阅读的人既能感觉正能量满满，改善当天的心情，又能在看朋友圈的同时获取今天的天气情况，顿时让对方觉得你在他的朋友圈里是一件还不错的事。

11:30—14:00 一般是大家中午下班休息和吃午饭的时间。中间拿出手机可能会翻阅朋友圈，这时可以发一些产品的软广告，利用这个时候让对方逐渐了解你的产品。

16:40—19:00 是下午下班和晚饭时间。在下班的路上和吃饭的间隙大家可能会浏览朋友圈，这时可以发一些与生活相关的，一定是要有点档次的，能引起多数人共鸣的，多姿多彩的，让对方感觉到你的状态是健康和优秀的，从而对你产生基础的信任感。

20:30—23:30 是大家一天中相对较安静和空闲的时间段，适合考虑问题，这时候就可以发一些产品推荐类的信息了，利于对方做出购买决策。图 3-9 所示为某天猫店铺最近 30 天的访客和下单用户的时间分布图。

结合最近 30 天的移动端访客数据，在做微淘内容规划时，就需要考虑时间因素和内容类型的配比，可以发现该店铺的用户阅读时间有三个高峰时段，分别是 10:00—10:59、22:00—22:59、00:00—00:59，故推送内容及时间建议如下。

- 导购文推送时间为：10:00—10:59、00:00—00:59。
- 互动文推送时间为：10:00—10:59、22:00—22:59。
- 核心推送时间为：10:00—10:59，22:00—22:59、00:00—00:59。

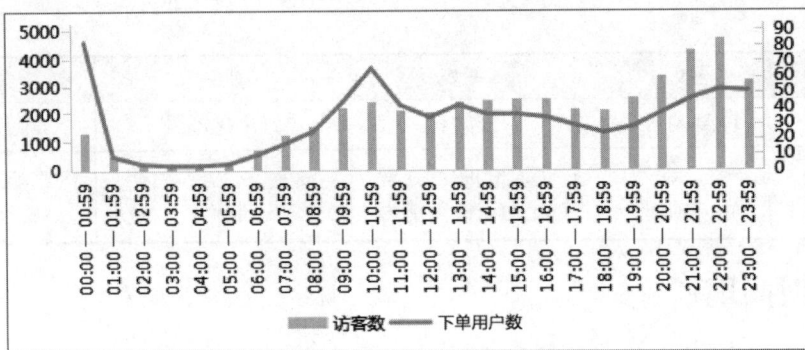

图 3-9　某天猫店铺最近 30 天的访客和下单用户的时间分布图

3.2.5　产量规划

对内容的选题、形式和时间做了规划之后，还需要考虑内容的量的问题，就是发布内容的量是多少，每种形式的内容的量又是多少。量可以用具体的数字表示，也可以用各种内容形式的占比来表示。例如，自媒体内容创作者可以保持每天更新 1～2 次的内容；微淘的内容，按照文案的形式，可以将帖子、单品、清单的内容量按照 2∶1∶1 来安排；如果按照微淘的内容栏目占比确定内容的数量，女装类店铺可以将诸如时尚穿搭、上新预告、买家秀、福利社的内容量按照 5∶2∶2∶1 来安排。

当然这些内容量的规划不是一成不变的，在实际运营过程中，也需要根据实际情况进行调整。更不能因为追求量而忽略质量，内容质量才是制胜的"法宝"。

3.2.6　渠道规划

内容需要通过各种渠道才能被目标用户看到，创作内容追求的目标之一就是需要被人看到，渠道就显得尤为重要。在对内容定位、产量、形式等规划好之后，还需要布局内容的分发渠道。内容分发渠道分为两类，即电商平台类内容渠道和自媒体内容渠道。电商平台类的内容渠道有淘宝的微淘、京东的发现、苏宁易购的苏宁头条和青春社区、小红书等，自媒体类的内容渠道有今日头条、微博、微信、搜狐号、企鹅号、百家号、一点资讯等。各个主流的内容渠道将会在本书的内容投放模块进行详细讲解。

电商平台类的内容分发渠道以淘宝的微淘和京东的发现为首，此类的内容分发渠道是依附于购物平台的，属于平台内的内容渠道，需要根据平台的要求进行定制化的内容创作。一般在平台内针对单一渠道创作的内容不适用其他渠道，具有专属性。例如，微淘渠道可分为公域渠道和私域渠道，私域渠道主要是指店铺微淘；公域渠道主要是手淘首页的内容推荐，例如，有好货、淘宝头条、爱逛街、必买清单、淘宝直播、每日好店等。每个渠道的要求和定位都不一样。各大自媒体平台就不同了，为了做全网推广或多渠道分发，可以同时在多个平台分发同一篇自己创作的内容。如今的新媒体发展迅速，正处于切割流量的上升期，所谓"酒香也怕巷子深"，建议对内容进行多渠道分发，以便获得更多的目标用户。

值得一提的是，像淘宝微淘类的导购类内容是直接在投稿渠道投稿的，一般不涉及多渠道分发，不过类似活动的推广内容则可以根据内容的选题，结合其他渠道一起铺设活动人群网络，表 3-5 所示为某天猫店铺"七夕"情人节活动推广内容的渠道安排。

表 3-5　某天猫店铺"七夕"情人节活动推广内容的渠道安排

内容选题	"七夕送礼"	"如何喂得一手好狗粮"	"瑞士'爱与浪漫'的代表"
渠道选择	必买清单、有好货	头条	微淘、每日好店、潮男养成记、iFashion、全球时尚、好货攻略

　　该店铺在比较注重转化的内容选题上，选择了购买转化率较高的渠道促进购买转化：必买清单、有好货；在侧重活动推广的内容选题上，选择了认知转化率较高的渠道促进"七夕"活动认知人群的覆盖：头条；在侧重转化和品牌认知的选题上，选择了兴趣转化率较高的渠道促进自身产品与品牌粉丝的增长：微淘、每日好店、潮男养成记、iFashion、全球时尚、好货攻略。

　　而自媒体类的内容则可以进行多渠道规划，但是渠道的选择也不是越多越好，而是需要根据内容和渠道的特征以及适用的人群来选择渠道，如今日头条是一款基于数据挖掘、推荐引擎的大众渠道，适合领域范围广泛；而蘑菇街、美丽说打造的是女性生态营销平台，适合目标用户为女性的内容投放；唯品会则是以品牌折扣为主要特点，适合折扣类内容的打造。

3.2.7　规划总结

　　在对内容规划了解清楚之后，需要将所有的规划进行汇总，形成一个内容规划的报告。当然，不一定所有的内容规划都要从定位开始做，只有内容账号建立初期需要详细地按照以上步骤进行规划。作为内容运营者，做内容规划大多是对某个运营阶段的内容规划，是对该阶段的运营效果进行的再分析和再规划。图 3-10 所示为某品牌女装微淘的季度内容规划。表 3-6、表 3-7 所示为某品牌女装微淘的平销期运营规划和常规内容推送规划。

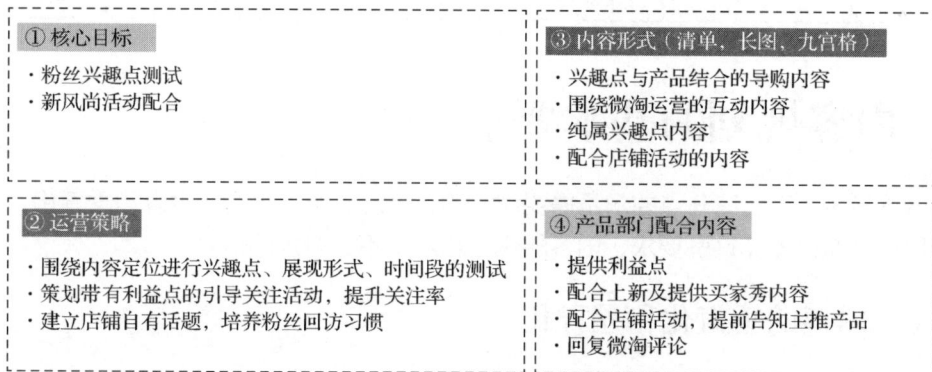

① 核心目标
· 粉丝兴趣点测试
· 新风尚活动配合

③ 内容形式（清单，长图，九宫格）
· 兴趣点与产品结合的导购内容
· 围绕微淘运营的互动内容
· 纯属兴趣点内容
· 配合店铺活动的内容

② 运营策略
· 围绕内容定位进行兴趣点、展现形式、时间段的测试
· 策划带有利益点的引导关注活动，提升关注率
· 建立店铺自有话题，培养粉丝回访习惯

④ 产品部门配合内容
· 提供利益点
· 配合上新及提供买家秀内容
· 配合店铺活动，提前告知主推产品
· 回复微淘评论

图 3-10　某品牌女装微淘的季度内容规划

表 3-6　某品牌女装微淘的平销期运营规划

主题	内容	发送时间	形式	占比
#××搭配秘籍#	结合女装搭配兴趣点，针对主推产品从穿搭入手进行导购。 目的：推荐产品+导购	10:00—10:59 00:00—00:59	长图文为主（根据微淘推荐的优质内容要求进行编写） 如有视频，则更换为视频	40%

续表

主题	内容	发送时间	形式	占比
#××有约#	分享影视剧、娱乐资讯、适合35岁以上励志女性的情感鸡汤，与粉丝互动。 目的：互动+导购	10:00—10:59 22:00—22:59	九宫格60% 长图文40%（根据微淘推荐的优质内容要求进行编写）	30%
#奇妙旅行#	配合店铺活动输出旅行美景图片、拍照秘籍，并对主推产品进行导购。 目的：互动+推荐产品	22:00—22:59	九宫格为主	20%
其他	互动、活动、上新、买家秀等	不定期发送，有则发	九宫格为主	10%

表 3-7 某品牌女装微淘的常规内容推送规划

时间段	周一	周二	周三	周四	周五
10:00—10:59	#SHOW-TIME# 九宫格 互动+导购		#SHOW-TIME# 九宫格 互动+导购		
14:00—14:59	#酷生活！# 九宫格 互动+推荐产品	#潮流穿搭# 长图文 推荐产品+导购		#潮流穿搭# 长图文 推荐产品+导购	#潮流穿搭# 长图文 推荐产品+导购
20:00—20:59		#潮流先锋# 九宫格 兴趣点+互动	#潮流先锋# 长图文 兴趣点+产品导购	#SHOW-TIME# 九宫格 互动+导购	#酷生活！# 九宫格 互动+推荐产品

3.3 内容规划的基本要求

在做内容规划时，有几点要求是需要注意的，这几点要求分别是内容的垂直化、互动思维和阶段性调整。做到这些要求，内容的规划基本上不会有大的偏差。

3.3.1 内容的垂直化和差异化

内容的垂直化和差异化，是创作者的标签，方便用户快速记忆，有利于在众多内容中脱颖而出。垂直化就是专注在某一个领域进行内容深耕，如教育、育儿、科技、娱乐、美食等。内容没有垂直化、差异化就没有竞争力，无法在用户脑海中形成长久记忆，不利于内容的传播和扩散。如果内容的创作选题比较混乱，每个领域都想涉及，今天是美食，明天是娱乐，后天又讲体育，终究是吸引不了精准用户的，更不能保证用户的转化。只有做到内容的垂直化和差异化，才能吸引到同一类型的用户，这类用户就是对该类内容感兴趣的潜在用户，也方便做转化。例如，"年糕妈妈"的内容就只基于育儿领域的医学常识、护理知识、幼儿教育等，它的用户多为初为人母的宝妈，这些人的消费需求都是一致的，"年糕妈妈"也就可以顺着内容进行电商转化。

总之，内容规划最基本的要求就是坚持做内容垂直化的深耕。

3.3.2　互动思维

内容运营的目的是通过内容进行用户的拉新、促活和转化。其中，创作能跟用户互动的内容就是一种不错的促活策略，通过在内容中设置能跟用户互动的环节，可以有效提高用户的活跃度，还可以激发用户的转发，有利于内容的传播。在如今的体验经济时代，相比产品本身和价格，用户更加喜欢消费过程中的参与感，所以互动类的内容或活动总是能吸引很多人。除了能达到提高用户活跃度的效果，还能从用户参与的过程中得到更多精准的信息，以便后期调整内容运营计划，内容的互动设计可谓是一举两得。

常见的互动方法有留言、评论、有奖问答、鼓励转发等。例如，"年糕妈妈"公众号在一篇萌娃穿搭的推文结尾就用"换季了，怎么让宝宝穿得时髦可爱，还少花钱？"来激励用户分享经验，阅读量短时间内就突破 10 万了；图 3-11 所示为"海底捞"微信公众号的一篇推文《一口吃到三种味道？赚了赚了》的互动设计示例。

图 3-11　互动设计示例

当然，并不是说每一篇内容都要设置互动环节，在整个的规划过程中要具有互动思维，根据具体的内容目标决定要不要引入互动环节、如何设计互动环节。如果是导购类的内容则不适合引入互动话题；如果是培养用户习惯和提升品牌知名度的内容，则可以考虑引入互动环节。

3.3.3　阶段性调整

内容规划进行阶段性调整，有长期规划和短期规划，一般长期规划不超过 6 个月，多为季度规划；短期规划则一般是指 7～30 天的规划。按照时间期限，规划是有阶段性特征的，阶段性特征是需要运营者根据内容的运营效果或数据进行及时调整的。一份内容运营规划做好后，因为变动因素较多，需要根据实际情况进行调整。例如，微淘的内容规划，就经常因为要配合运营部门做活动进行调整。可以说，内容运营就是一个持续优化的循环系统，图3-12所示为淘宝微淘的内容运营思路。

图3-12 淘宝微淘的内容运营思路

3.4 规划过程中应避免的几个问题

在内容的规划过程中，需要关注规划的每个阶段，保证每个阶段都是服务于内容运营的目标的，应该避免常见的几个问题，例如，将内容定位成公司官网、内容无法跟产品结合、内容优质但无法持续生产、运营者对该领域完全不熟悉等。

3.4.1 将内容定位为公司官网

公司官网的主要作用是公司的门面，用于展示公司形象和公司动态信息，多为硬内容。而内容运营中的内容则不局限于这些信息的传递，多为软内容。

把运营的内容号当成公司的官网来运营，这是完全无视当今"内容为王"运营思路的做法。如果前期内容运营的规划没有做好，或者没有按照内容运营的规划实施，或者因为负责人的变动等原因，导致运营的内容号变成公司官网的展示。官网的内容是公司形象和品牌形象的展示，而现在的观众对非正式的、无关广告的内容更感兴趣，这也是内容运营中的"内容"的不同之处。

不管是哪个平台，只要定位成内容平台，定位成通过内容引流或转化的平台，就不能因为没有好的内容就只推送公司的广告，不但不能起到吸引用户、内容转化的作用，反而让用户反感，起不到内容运营的作用。公司在做内容规划时，从定位开始，就要避免内容偏向官网方向。

3.4.2 内容无法跟产品结合

内容的类型有很多种，但不是所有的内容类型都适合所做的产品或服务，如娱乐、搞笑领域的内容很受欢迎，素材也多，但是如果要通过此类内容进行产品转化，就存在很大的困难。在进行内容选题的时候，要注意该类型的内容能否跟产品结合，只有能跟产品结合的内容才是有价值的内容。

在对内容进行规划选题时，如何做到让内容和产品进行结合？首要考虑的就是场景化的设置，就是将用户使用产品的场景展示出来，根据场景需求，制订策划内容，将内容和用户连接，满足用户需求。以电影产品为例，用户就是去观看电影的人，场景分别是决策、买票、取票、观看、离开等，那么在进行内容制订时，就可以从每一个环节的相关需求出发，包括交通方式、观影之后的一系列活动，例如，可以在附近商圈吃饭、逛街等。

3.4.3　内容优质，但无法持续生产

内容运营中最重要的当然是优质的内容，在内容运营的整个过程中，内容的质量永远比数量重要，质量才是取胜的关键。对于大多数人来说，创作一篇或者几篇自己感兴趣领域的内容，是可以保证质量的，但是要保持有质量的内容能够持续输出，则是一件不太容易的事情了。很多自媒体运营者，如个人公众号，凭着刚开始的一腔热血和脑子里储存了几十年的"优质内容素材"，虽然创作出几篇优秀的图文内容，但终究抵不过优质素材的匮乏而停止运营公众号。

在对内容做规划时，需要考虑内容是否适合长期生产、内容能否持续保持质量、优质素材的来源渠道有哪些、这些渠道能维持多久的内容创作、还有没有其他的素材渠道。如果这些问题都无法解决，优质内容的持续性就难以保证。当然，也不是说这些问题解决不了就不能做内容了，只是需要内容运营者转变思路、扩散思维、创新运营，寻求优质内容创作的更多渠道，如可以采取用户创作内容（User Generated Content，UGC）的方式，以制造话题的形式让用户生产内容。总之，在做内容规划时，需要考虑到优质内容的持续生产。

3.4.4　运营者对该领域完全不熟悉

前面讲到过内容电商的两种模式，即内容电商化和电商内容化，如果做的是电商内容化的内容运营，即使对这个领域不是很熟悉，但是熟悉产品和用户，在这个基础上做出的内容也不会偏差很大。如果做的是内容电商化的运营，就需要内容运营者对选定领域非常熟悉了，只有在熟悉的领域创作内容，才能更好地将内容的价值传递给目标用户，才能通过在该领域的专业形象吸引到目标用户进行内容向电商的转化。

思考与练习

（1）什么是内容规划？

（2）什么是内容定位？

（3）应该从哪些方面进行内容规划？

（4）内容规划的基本要求有哪些？

本章任务书

做内容运营，内容规划十分重要，只有将运营的内容规划好，才是内容运营成功的第一步。而内容规划的第一步就是内容定位，本模块选取了微信公众号的内容定位设计任务书和微淘内容运营规划书，请根据本模块配套教学资源和知识点梳理完成任务书 3.1 和任务书 3.2。

任务书 3.1		
学习领域	内容规划	
学习目标	知识目标：了解内容定位和内容规划的重要性 　　　　　理解内容规划的基本流程和要素 　　　　　掌握内容定位和规划的基本要素 　　　　　掌握内容定位和规划的基本方法	
	技能目标：能做简单的内容定位和规划 　　　　　能做内容规划的设计和调整	
	素养目标：理解团队合作的意义 　　　　　坚持不懈地努力和付出	
姓名：	班级：	学时：
任务背景	你看到自媒体平台上很多人做内容创业做得还不错，有的是做短视频的，有的是写文章的；有的是做"三农"领域的，有的是做教育领域的，有的是做娱乐搞笑领域的，他们在某个领域的内容创作感觉也不太难，所以你也想在自媒体平台上（今日头条/百家号/小红书……）做内容，但是还没有进行详细的分析和规划，请结合自身的情况，为自己做一份内容自媒体的内容定位和规划	
任务要求	包含自我画像分析 包含自我资源/优势分析 包含内容定位 制订一个季度的内容规划 内容规划需要包含选题/形式/数量/时间/渠道选择等 简要说明运营思路	
提交形式	PPT	
考核标准	1. PPT 制作合格，符合 PPT 汇报的基本逻辑 2. 思路清晰，逻辑合理 3. 是否符合任务要求 4. 分析过程是否合理/符合逻辑 5. 定位是否准确 6. 规划是否合理/完整	
实施过程		
成果展示		
任务反馈		

任务书 3.2		
学习领域	内容规划	
学习目标	知识目标：了解内容定位和内容规划的重要性 　　　　　理解内容规划的基本流程和要素 　　　　　掌握内容定位和规划的基本要素 　　　　　掌握内容定位和规划的基本方法	
	技能目标：能做简单的内容定位和规划 　　　　　能做内容规划的设计和调整	
	素养目标：理解团队合作的意义 　　　　　坚持不懈地努力和付出	
姓名：	班级：	学时：
任务背景	淘宝的微淘内容渠道作为购物类平台内容营销的代表，一直占据内容营销的主阵地，逐渐成为商家建立品牌口碑的阵地。它通过持续可触达的通道，直接将内容展现给精准用户，打着经验分享、好货推荐、潮流搭配等招牌，实质上都是在为品牌宣传下功夫，通过实用、有吸引力的内容维护粉丝群体。既增强了粉丝与店铺之间的黏性，也挖掘了有限流量的价值	
任务要求	请选择一家你熟悉的淘宝天猫店铺，结合这家店铺的微淘运营现状，给这家店铺制订一份第四季度的内容规划	
提交形式	PPT	
考核标准	1. PPT 制作合格，符合 PPT 汇报的基本格式要求 2. 思路清晰，逻辑合理 3. 任务完整 4. 分析过程和分析结果是否一致 5. 包含内容规划的基本要素 6. 规划是否合理	
实施过程		
成果展示		
任务反馈		

04 Chapter

第 4 章
如何进行内容创作

【学习目标】

➤ 理解目标人群分析的重要性。

➤ 掌握内容创作的基本流程。

➤ 掌握内容创作的基本注意事项。

内容运营的基石是内容的创作，不管是哪种形式的内容，创作的原则和基本流程都大同小异。掌握创作内容的基本流程和方法，坚持内容创作的原则，是创作优质内容的基础。

4.1　内容创作的基本流程

内容创作是内容运营者重要的日常工作，内容运营者在对内容运营做好了详细的规划之后，依据规划就可以进行内容创作的工作了。内容创作的基本流程一般是：明确创作目的、目标人群分析、确定选题、确定内容形式、实施创作。

4.1.1　明确创作目的

在进行内容创作之前，首先要明确创作的目的，有了目的才能在创作过程中明确定位、把握方向。内容创作的目的一般有品牌宣传、用户维护、产品销售等。

品牌宣传类的内容多侧重于对品牌的形象塑造，内容运营者通过具有品牌宣传力、能提升品牌形象的内容，让目标用户对该品牌产生良好印象，认可该品牌。如果是要培养用户对品牌的辨识度、提高对品牌的认可度，可以考虑品牌宣传类内容，如短视频形式的公司宣传片、品牌故事等。

用户维护类的内容侧重于对用户的服务和维护，通过图文、视频形式的内容，向用户传递一些服务类信息，并进行答疑解惑或提供便利性服务，提高用户的满意度和优化用户的购买体验。例如，微淘商家或达人在微淘渠道发布的一些教程类内容，或在自媒体账号发布的一些服务类内容，如图 4-1 所示。

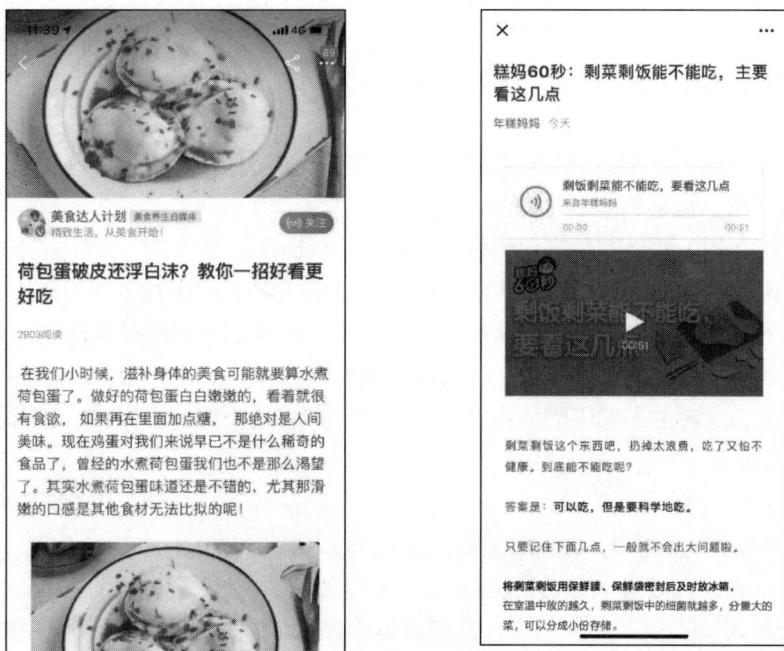

图 4-1　用户维护类内容示例

除此之外，还有一些内容是为了提高产品销售量，就是前面章节说的导购文。在进行内容规划或创作前，先明确内容创作的目的。例如，通过该类内容刺激目标用户的购买欲望，进而使其产生购买动机。内容运营者在进行这类内容创作的时候，由于已明确内容的目的是让用户对内容所推荐的产品产生兴趣、进而产生购买欲望，所以该类内容比较偏向产品卖点介绍、用户使用感受、使用方法、推荐理由等。

4.1.2　目标人群分析

所有的内容创作的首要目标是有人看，只有创作的内容有人愿意花时间看，才能发挥内容真正的目的，最重要的是有目标用户愿意看。而在内容创作前，对目标用户的分析和了解就至关重要了，只有对目标用户进行深入的了解，才能创作出他们愿意看的内容，才能创作出能吸引他们的内容。一般对目标用户的了解可以从用户画像、受众特征、购买心理等方面来开展。

1. 用户画像

用户画像可以把目标人群通过一些基本信息进行标签化设置。对用户的性别、年龄、生活习惯、常驻地区、籍贯、收入等，设置一系列标签，用于更加精准化的内容创作及投放，以达到更准确地触达目标用户、更快速地引导到内容场景的目的，促进高效的转化。例如，用户的年龄和生命周期是跟消费倾向、需求相关的。用户作为自然人，在一生中会购买各种各样的产品和服务，不同年龄段的用户需求也不一样。用户随着年龄的增长，会度过生命中几个重要的阶段，如升学、工作、结婚、生子等，每个阶段用户对产品和服务的需求也不一样，求学阶段的用户对学习类产品需求较大，结婚阶段的用户对家居类产品需求较大，而结婚有了孩子的用户，则对婴童用品的需求增大。

目标用户的职业和收入同样也会影响消费和需求。例如，蓝领工作人员会购买性价比较高的生活必需品；白领工作人员则注重生活品质，对产品的质地、品牌要求较高；而公司高层领导会购买礼服套装、空中旅行等相关产品。

2. 受众特征

受众即内容的阅读人群，就是哪些人会看创作的内容，这些人具备什么特征，这个群体有怎样的生活习惯、性格特点、心理素质等。

研究受众特征的主要目的是产出更好的内容，使目标用户产生共鸣，方便通过内容与他们拉近关系，找到他们会产生购买行为的原因并加以描述或刺激，调动起能让用户产生购买行为的利益点，促进转化。例如，创作服装类的内容，不同层次的人对服装关注的点是不一样的，如果这件衣服的品牌知名度较高，对应的人群一般更在乎样式是否好看、是否独一无二等；如果是一般大众款，对应的人群可能更关注所用材料，穿着是否舒适、保暖，是否美观等。

3. 购买心理

对目标用户的分析，除了需要了解用户的基本情况和特点，还要了解其购买心理，也就是购买动机，并能抓住这些购买动机找到内容中产品和服务与之对应的契合点。一般情况下，用户主要有 3 个需求需要被满足，即归属需求、仰慕需求、地位需求。

归属需求是人类的基本需求之一，是归属某个团体的需求，能满足人们归属需求的产品往往能够表现个人属于某一群体的个性特征，如功能强大、品质完美，如果是大众需求类，功能满足即可。

仰慕需求是建立在归属需求被满足的基础之上，是属于能够让人变得更美好的需求，例如，让人的形象变得更好的需求，化妆品就可以用如下词汇进行描述：高端大气上档次，特立独行的个性；低调不张扬，造型完美，手感好。

地位需求是指人们为了获得社会尊重的需求。能满足人们社会地位需求的商品或服务往往不是通过商品的基本属性、基本功能来实现的，而是靠这个商品或服务带给用户的满足感体现的，如昂贵的知名品牌。

内容创作者在创作前如果能很好地把握目标用户的消费心理，能够洞察他们所需要被满足的需求，则能很好地将需求与内容结合起来，提高用户对内容和产品的接受程度。

另外，在创作内容时也应当考虑潜在用户的特征，潜在用户在当下不是目标用户，但在未来一段时间内有可能成为目标用户。

例如，一款即将上市的汽车，这款车本身是一款家用型多用途汽车（Multi-Purpose Vehicles，MPV）车型，那么商务人士、人口多的家庭都是受众人群。刚结婚的年轻情侣、准备备孕的新婚夫妇、即将成为父母的准爸爸准妈妈，这些都是潜在的标签人群。所以在内容的设计中要考虑潜在人群标签，以及这些人群的特点，并加以利用，对问题的痛点给出一系列的解决方法。

4.1.3　确定选题

内容是需要通过一定的主题形式呈现出来的，创作主要内容前，首先要确定的就是内容的主题，主题直接关系到内容发布后产生的效果。在创作前，可以结合产品及目标用户进行分析，将主要内容根据创作的目的分为若干个主题，对每个主题进行纵向内容深度挖掘和创作，进行模块化内容展示，这样不但能养成目标用户的阅览习惯，还能使传递的内容具有层次感和逻辑感，形成内容矩阵，带给用户良好的阅览体验。

例如，母婴类的内容，由于考虑到主要目标群体为新晋"宝妈"，新晋"宝妈"关心的主要话题有孕婴知识、孕婴饮食、孕婴护理、哺乳期问题、孕婴服装和护肤、儿童教育成长等，这样就可以结合自身产品和内容定位，将内容划分为跟吃相关的、跟穿相关的、跟教育相关的、跟医学护理相关的、跟推荐产品相关的几大主题。"年糕妈妈"公众号的内容就是通过"吃""课""糕妈 60 秒""穿""护肤"等主题呈现的，如图 4-2 所示。

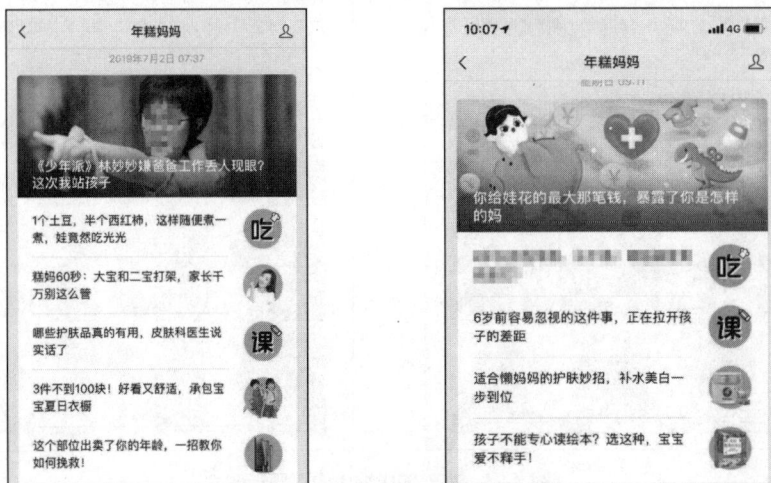

图 4-2　"年糕妈妈"内容主题示例

再如，某女装天猫旗舰店的微淘内容分为"花式宠粉""拼图游戏""熙熙看世界""熙熙搭配指南""买家秀""上新""熙言熙语""女装新品试穿报告"等主题。"花式宠粉"主要以活动形式的内容给用户送福利优惠，一方面提高了产品销量，另一方面提高了用户的参与度和活跃度；"拼图游戏"则是将具有品牌信息的元素以游戏的形式展现出来，吸引用户参与互动游戏，目的也是提高用户的活跃度和参与度，如图 4-3 所示。

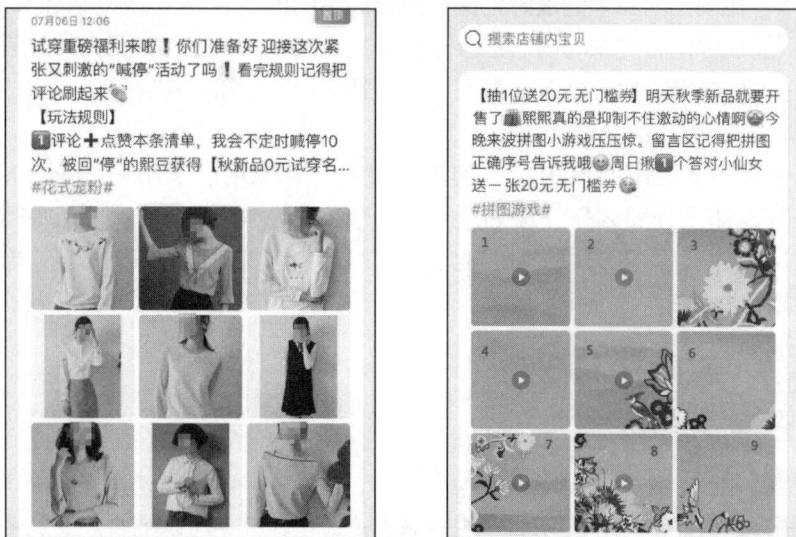

图 4-3　某天猫店铺内容主题示例 1

"熙熙看世界"则是结合该品牌的用户的兴趣点，发布一些与兴趣点相关的内容，如著名演艺人员的街拍、著名演艺人员的亲子照片等，目的是提高用户的黏性和激发用户的兴趣点；"熙熙搭配指南"则是根据用户的特点，发布服装搭配指南，多为教程类内容、产品推荐类内容，目的是提高用户黏性、产品销售量，如图 4-4 所示。

图 4-4　某天猫店铺内容主题示例 2

　　"买家秀"则是买家发布购买产品之后的评价和试穿图片，目的是消除用户对产品的疑问，促使其下单；"上新"则是商家根据店铺产品的更新情况，发布一些新品推荐，如图 4-5 所示。

これ款刺绣衫是真的好看啊，喇叭袖遮胳膊，简约白色、显气质、百搭，配短裤也敲好看~明天活动价88，10点准时开抢！
#买家秀#
p*******5：客服推荐的尺码正好，感谢，很有耐心呢！雪纺的面料，软软滑滑的，透气性好，夏...

熙豆们，早上好鸭！明天就是我们🍁秋季新品的开售日了💕喜欢的款你们都加购收藏了吗📷9号当天上新，可享受单款8折➕包邮优惠‼️这波省心（薪）变美清单，快pick起来☕微淘置顶新品活动记得参加😊
#上新#

图 4-5　某天猫店铺内容主题示例 3

　　"熙言熙语"也是通过分析用户的兴趣点，发布一些生活感悟或剧评，目的是引起用户共鸣，增加用户黏性；"女装新品试穿报告"发布的是模特或用户试穿的新品感受，方便用户做参考，如图 4-6 所示。

爱的时候不辜负人，
玩的时候不辜负风景，
睡觉时不辜负床，
一个人时不辜负自己，
晚安啦，我的熙豆们，好梦~
#熙言熙语#

一看到粉色，熙熙就两眼冒光😍是真爱粉无疑🤭这次选的樱花粉，都是3分甜度，轻甜可口不腻味，😋细节上做的印花、蕾丝拼接设计，都惊喜满满，给你们不一样的文艺体验🌸戳图片上文字获取🔗
#女装新品试穿报告#

图 4-6　某天猫店铺内容主题示例 4

　　总之，主题是根据产品定位，结合用户兴趣点，融合内容发布的目的进行选择，当然，主题也不是一成不变的，可以根据内容的需要、运营的需要进行调整和优化。

4.1.4　确定内容形式

　　确定了内容的主题之后，就需要选择一个内容的呈现形式，即通过什么形式将内容展现给浏览者，是文字、图片、图文、图集？还是视频？内容形式需要结合运营平台、内容规划以及创作者本人对内容形式的掌握程度进行确定。

　　不同的运营平台，其主要用户的年龄、性别、所在地等用户的个人特质都有所不同，而用户的个人特质会影响产品在平台的销量。因此，创作者在选择内容形式时，需要结合产品的主要受众，以及不同平台用户的潜在需求来确定适合创作者所发布内容的运营平台。目前可供创作者选择的运营平台种类繁多，形式多样。例如，创作者在创作直播内容时，可以选择斗鱼、抖音等直播平台，也可以选择淘宝、京东等电商网站；图文内容则可以选择微信公众号、今日头条、小红书等平台；音频内容的平台则有喜马拉雅、荔枝 FM 等主流音频软件。

　　另外，在对内容进行规划时，就已经考虑到内容和平台的适用问题和内容的形式了，创作者需要结合之前的规划进行内容的创作。需要注意的是，内容的形式也非固定不变的，创作者在必要时要对规划好的内容形式进行调整。

　　创作者对内容形式的掌握程度会决定内容是否可以被有效地传播，是否会吸引到大量的用户，进一步影响产品的销量。创作者在擅长的领域进行创作，会达到事半功倍的效果。若创作者擅长文字与图片的编辑，便可以考虑以图文内容或图集内容的形式将产品信息展示给用户；当创作者热衷于交流，可以轻松自如地与用户进行互动，并乐于掌握用户的实时反馈时，可以尝试通过直播内容来展示产品信息。

4.1.5　实施创作

　　对内容的主题、形式确定以后，就可以实施内容创作了，不管是哪种形式的内容，创作的流程大致相同，都是要经过选题立意、选定形式、主文创作、总结复盘的流程。

　　在实施创作时，往往让创作者最为疑惑的是如何创作出让用户拍手叫好的内容。对于这个问题，除了需要内容的选题立意新颖、内容含义吸引人，不同形式内容的表现力要足够强，如图文内容要注意文笔流畅、行文思路清晰、逻辑缜密、排版布局合理；视频内容要注意画面清晰、表演真实、场景布置合理；直播内容要求直播场景布局合理、主播口音清楚、主播形象良好或有特色、主播沟通和应变能力强等。在这些形式类内容具备之后，最为影响内容效果的就是内容策划，包括内容的选题立意、内容的丰富程度、内容所表达的含义、内容带来的价值等，而想要在内容的策划上吸引人，创作出令人拍案叫好的内容，也是有一定技巧的，如巧用标题技巧提高点击率、充分利用内容的场景化展现内容、利用能建立信任感的素材等。

1. 巧用标题技巧，提高点击率

　　标题是决定用户会不会点击并打开内容的关键，好的标题是内容成功的基础，可以说，设置一个好的标题，内容就成功了一半。一般情况下，一个合格的标题需要包含场景因素、产品因素、利益点因素、用户因素。

场景因素就是把要传递的内容信息通过场景化的形式展示出来并在标题中体现，增强用户的代入感，让用户一看标题，脑海里就有画面了，标题描绘的场景会跟用户脑海中本来存在的相似场景发生共振，或者让用户感觉到这个场景有意思。例如，《你们在星巴克喝咖啡，我在图书馆记笔记》，从标题上就能让用户联想到两种生活状态。

产品因素就是将要描述的产品相关的信息在标题中展示，让用户通过标题就能判断是不是他需要的内容，如《8 个常用的 Excel 技巧，好用到哭！》。

利益点因素是让用户通过标题就能直接感受到，通过该内容自己有哪些收获，能获得什么，如《手把手教你打造秋日元气彩妆》。

用户因素是在标题中引用目标用户相关的关键词，让用户一看到标题就知道该内容是为自己量身定做的，从而提高点击率，如《清秋这样穿，让小个子女生魅力四射》。

总之，在拟定标题的时候，需要尽可能多地加入能增加点击量的相关因素的关键词。

当然，标题的确定并不是一蹴而就的，在拟定标题的过程中，可以将相关因素罗列出来，一一进行筛选、组合、优化，直到挑选出与内容匹配度最高的标题。标题优化的方法和技巧很多，如用数字、用人物等。常见的标题写作技巧参考如表 4-1 所示。

表 4-1　标题写作技巧参考表

标题写法	案例
叙说历程，刺激同理心	《他是如何月入五万元的》
直抒胸臆，激发情感	《这个十五秒视频，让百万人落泪》
利用热点，关联定位	《垃圾分类"搞疯"上海人，其实有这一台神器就够了》
制造神秘，引发好奇	《那些贪图稳定的人，最后都活成什么样了？》
制造恐惧，吸引点击	《医生提醒：总是犯困或是大病的症状》
利用稀缺，制造紧张	《这堂营销课仅剩 3 个名额，你还要犹豫吗？》
加入数字，博人眼球	《年收入超过 30 万的文字工作者的写作心得》
引入名人，吸引点击	《××说：2019 年只要抓住这个行业，普通人也能年入百万元》
利用权威，增加信任	《医生提醒：身体出现这些症状要注意了》

2. 充分利用产品的场景化展现内容

内容创作者何时介绍产品其实是一个很值得思考的问题，这就涉及内容创作者如何将内容跟产品的使用场景结合起来的问题。内容创作者进行内容创作的时候就需要清楚地构造一个场景或者多个场景，而产品则尽可能多地出现在这些应用的场景中，让这些场景唤醒用户的某种心理状态或需求，刺激用户做出购买决定。

如何才能制造出合适的应用场景呢？可以从以下几个方向进行延伸。

（1）洞察目标人群一天的基本生活规律与流程：这个群体经常性的生活状态是什么样子，做哪些事情，去哪些地方，对于产品的需求是什么。例如，以一名职场人士为例，每年的大部分时间都是工作，工作日行程大体固定，周末会略有不同，在偶尔的小长假期间会出去游玩。

工作日：早晨起床，洗漱，吃早餐，上班，工作一上午，午餐，可能有午休，下午工作，晚餐或者加班，回家后陪家人，看电视，读书，看剧，朋友小聚，运动等。

周末：加班，看电影，健身，郊游，购物等。

年假：通常会选择回家，或者旅游，需要确定行程，订票，订酒店，准备各种旅行用品等。

节假日：旅游，回老家。春节期间，人们一般都会需要给父母、长辈、亲人准备礼物，大扫除，拜年等。

（2）观察产品能植入哪些场景中，让用户的生活变得更美好一点，然后通过相应的内容呈现出来，打动用户。

例如，一款蛋糕糕点文案可以融入以下场景中。

回老家难免见亲戚朋友，手上总要带点礼物；老家有老朋友过来玩，怎么能不带他尝尝本地特色……

在家看剧，嘴巴也不能闲着……

多种应用场景可以很自然地将产品带入场景中，刚好用户有这个需要，进而产生转化；或者用户觉得这种场景应该挺美好的，进而产生转化。

"多场景"可以刺激用户购买欲，让用户想象到可以多次使用这个产品，想象通过使用它可以不断获得幸福感和快感，这个产品也将成为用户生活中离不开的好物件。

3. 利用能建立信任感的素材

内容最直接的目的是能吸引人看，从而使用户对内容所倡导的理念或产品产生好感，从而产生购买。能够产生转化的内容，一定是用户对所传递的理念或产品产生了信任。信任感的建立是内容的基础，也是创作者在创作内容的时候需要重点考虑的问题。如果一篇文案一直在说某产品好、如何好、好在哪里，并不能促使用户下定决心购买，但是如果能用事实或专家权威证明这个产品好，就能帮助意向用户下决心购买；如果一个普通人告诉你从医学养生的角度来看，某种产品或食物对健康有帮助，你可能不为所动，但是如果一个养生专家或者医生告诉你同样的事情，你就可能深信不疑。

无论是在图文内容中，还是视频直播内容中，创作者都在用各种各样的方式建立与用户之间的信任感。例如，在母婴类产品详情页里就可以针对用户比较关心的材质安全问题，用权威机构的认证报告消除用户的疑虑，从而建立用户对产品的信任感，如图4-7所示。

建立信任感的方式有很多，从内容创作的角度来说，可以通过以下几种内容素材增加信任感，如讲故事、用数据、用权威、摆事实等。

故事总是能吸引人的注意力，通过分享个人经历故事，使用户感觉真实可靠，让用户对产品得以了解、熟悉、信任。不管是图文内容还是视频直播内容，都可以尝试用讲故事的形式将内容体现出来。

通过讲故事让用户感受到真诚，并让用户认识到我们作为行业专家，比任何人都熟悉业务、熟悉产品。

当不知道怎么样让别人相信比较主观的建议或观点时，也可以尝试用数据说服对方，数据是经过实践验证得出的，是对事务或物件的一定的客观描述，也让人对它代表的客观事实产生信任。

权威能让人感觉值得信赖，适当引用新闻报道、权威报道，有利于增加用户对该内容的信任。例如，医生的医嘱总能让人们很重视，这是因为医生在人们心里就是代表医学的权威专家，他们掌握的治病救人的知识让用户感觉可以信任。

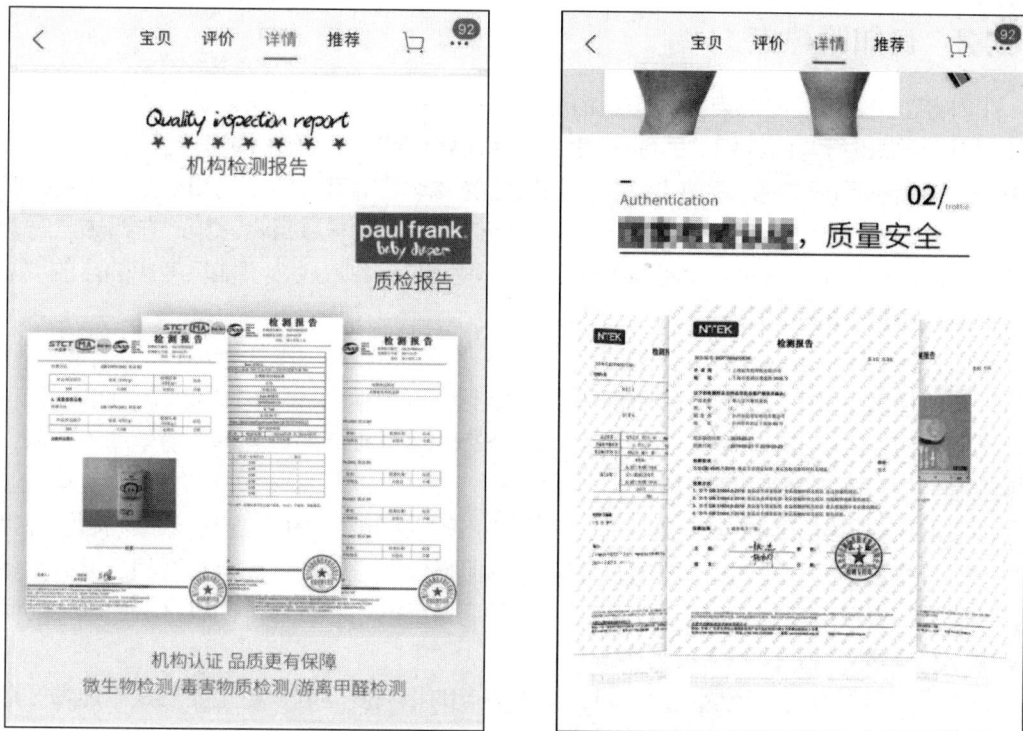

图 4-7 认证内容素材示例

摆事实就如同拿证据，总能让半信半疑的人改变想法，从怀疑到坚信。例如，让老用户现身说法，就会避免"王婆卖瓜自卖自夸"的恶性局面，让新用户觉得这个产品可能是真的好。

4.2 内容创作注意事项

4.2.1 内容为王，原创至上

对内容运营来说，内容固然是最重要的，内容为王已是不争的事实，坚持输出优质的、有价值的内容才是王道，而生产原创内容已经成为内容创作者最基本的职业素养，各个自媒体平台对原创的保护以及对原创作者的扶持也可见原创思维在创作界的重要性。只有坚持生产原创内容，才能使内容生态向着健康的方向发展。原创不但是内容创作者对《中华人民共和国知识产权法》的良好践行，更是保护自身内容的有力之举。

从用户的角度考虑，用户渴望看到更多的原创内容，一味地搬运、抄袭内容只会让用户觉得廉价、无感，长此以往将失去用户；从平台的角度考虑，平台想要提升自身的高度就要从运营内容的质量抓起，对内容创作者严格要求内容的原创性，大多数内容平台会设置原创度检查功能，鼓励创作者进行原创内容的创作，并对原创内容创作者设置更多的奖励。

所以，不管是从遵守网络知识产权法来讲，还是从内容的效果和平台的要求来讲，原创都是内容创作者的基础要求。内容创作者要坚持内容为先，多积累、多思考、多总结、多学习，创作更多、更好的内容，更要坚持原创至上的原则，走内容创作的可持续发展之路。

4.2.2　良知蹭热点

在内容创作领域，蹭热点是一个不错的创作方法和技巧，蹭热点就是借助当下社会热门事件、热门话题进行与内容相关的创作和传播，将热点所带来的流量快速转移到内容目标上，让用户认知和熟悉创作者。蹭热点确实能用较低的成本获得巨大的流量和平台的收益，但是蹭热点除了需要技巧，也需要良知，无良知地蹭热点，只能导致自食恶果。在蹭热点时，需要考虑热点能否带来内容需要的效果和正面的、积极的社会效应，不能只考虑热点的"热"而忽略热点所代表的价值观。

所以，在进行热点式内容创作的时候，不是所有的热点都可以蹭，针对一些敏感性话题、法律严禁的话题、有争议的话题、负面信息、未经查实的热点、谣言类话题等，切记不可追，不能为了一时的流量而强行蹭热点，强行蹭不合适的热点和话题只会导致粉丝的不买账，严重导致账号的权重下降甚至被封号。

除了考虑热点或话题的安全性问题，在蹭热点的时候也要考虑热点的效果问题，忌盲目追热点。有些自媒体人往往只看重热点的流量，但是没有考虑到该热点是否和自己的领域相关，结果就很盲目地根据热点创作，结果内容偏离自己的内容领域，内容推送出去之后可能会被限流，并且账号权重还会受到影响。

总之，内容创作者在蹭热点时，除了考虑热点的相关度问题，更重要的是不能为了蹭热点而消费良知，丢了本心。

4.2.3　慎做标题党

对内容来说，标题永远是重要的创作元素，标题基本上决定了内容的成功与否。用户第一眼看到的是标题，决定要不要点击的也是标题，根据调查数据显示，相同的一篇文章，质量高的标题，其点击率高达80%左右；而质量较低的标题，其点击率仅为10%左右。这足以证明拥有好的创意标题的重要性，前面章节也分析了制作标题的一些基本方法和技巧，只要掌握了这些技巧，制作相关内容的标题也就没有那么困难了。但是，往往有些人不重视标题的正确操作方法，为了博取一时的点击，对标题和内容的相关度以及标题的要求不做深入研讨，彻彻底底成了标题党。

标题党是对互联网上利用各种颇具创意的标题吸引用户眼球，以达到各种目的的一小部分网站管理者和网民的总称。简而言之，即文章的标题严重夸张，文章内容通常与标题完全无关或联系不大。然而，标题党也有良性和恶性之分。

良性标题党稍带幽默性和娱乐性，属于善意搞笑举动。良性标题党的对象是拥有大部分空闲时间的用户，他们乐于看到新鲜事，发现被"骗"之后也会轻松一笑。例如，百度标题党吧就是一个良性标题党的交流平台。良性标题党既可以娱乐自己，也可以娱乐大众。

恶性标题党往往文不对题，故弄玄虚，夸大事实，无中生有、迎合低级趣味，扭曲事实，扰乱正常的传播秩序，削弱媒体的公信力，既占用媒体资源，又浪费用户时间。恶性标题党的行为还具有一定的危害性，浪费了用户的时间，欺骗了用户的感情，还会使用户因为受过欺骗而错过真正有价值的信息。

无论是良性标题党还是恶性标题党，都有一个特点，就是标题和内容不吻合，严重违反了标题制作的基本要求。标题党创作的文章，虽从表面上可以吸引用户，短时间内可以吸引大量用户，但是，当用户阅读了相关文章后，发现文题不符或者过于夸大事实，用户极其反感，会有一种被骗的感觉，让用户厌恶。如果内容创作者初心不正，只想哗众取宠，博取眼球，不顾内容的真实思想，制作的标题也只能是夸大、以偏概全、模糊不清、偷换概念，引得用户反感，长此以往得不到用户的支持。从内容创作者本身来讲，做一个标题党对自身的发展也不利，只注重标题，文章内容缺乏深度和逻辑性；错误地判断自己的写作能力，浮躁而不踏实，对个人成长不利。

所以，内容创作者要彻底远离标题党，把时间和精力都花费在做好内容上，不浮不躁，守住本心做内容。

4.2.4　切忌过分消费用户

不管是既往、现在，还是未来，用户的喜爱和支持才是内容运营者追求的方向和动力，用户作为粉丝的同时，也同样是消费者，只有将用户服务好，将用户的阅读体验做好，内容运营才有未来。用户的感受才是检验内容最有力的工具。而自媒体内容创作者有时会意识不到用户感受的重要性，一味地利用手中无形的创作力量，迎合社会上的不良思想，过度消费用户的负面情绪，使内容输出变成一个窥探民众情绪的方式，最终遭到用户的唾弃。作为内容提供者，切忌过分消费用户。

一个内容创作者应该给人以力量，给行业以力量，给社会以力量，传递正能量。要在基于事实的深度思考上对用户进行深刻观察和研究。内容传播应是人们获取信息的基本工具，不应成为聚拢流量、释放情绪的一个渠道，人们真正需要的是那些能够带来力量的内容，而非引发社会焦虑的内容。内容并非仅仅只是为了流量，内容更大的意义在于给个人、行业和社会的发展持续带来正向的力量。

4.2.5　切忌触犯平台底线

内容终究是要通过自媒体平台传播的，创作者自然不能无视平台规则，只有按照平台规则进行内容的创作和传播，内容才有机会被平台推荐。不顾平台规则和底线的创作，如颠三倒四、虎头蛇尾、内容违规等，只会自掘坟墓，走向被用户抛弃的命运。

不同的平台有不同的要求和规则，入驻前就要十分明确相关规则和要求，避免因违规得不偿失。平台规则即标准规范，一般在平台的操作后台或者用户服务协议里都有明确细则，服务协议中针对信息内容规范、新闻信息规范、不符合规范的具体范围（包括但不限于）、不得利用平台服务进行的行为、平台使用规范等都有具体的规定。

为了避免内容会触犯平台运营规则和底线，在运营之前就要知道平台的扣分准则以及运营规则，不但如此，还要经常关注平台的规则更新和补充情况，这样才能更好地避免触犯平台运营规则，在内容创作和传播的这条路上走得更远。

4.2.6　切忌哗众取宠

自媒体内容的低门槛准入也导致了该领域的竞争越来越激烈，流量的分配越来越分散，为了博取更多的流量和点击量，很多自媒体人想获取更多流量吸引用户眼球，往往会选择一些吸引眼球的素材增加内容点击量，导致内容的质量低下、可信度低。自媒体应是价值输出的一方，而非只是哗众取宠，哗众取宠只能一时间获取流量，并且还会给用户带来不好的影响。所以内容创作者要选择合适的素材进行内容创作，选择有价值的素材和题材进行传播，将主要的精力放在题材制订、素材选取、技能提升上，而非不务实的哗众取宠上，通过专业的、优质的内容进行个人 IP 化打造。

4.2.7　审稿采用三审制

为了更好地做出平台和用户都喜欢的内容，建议内容创作者在内容审核环节采用"三审"制度，即编辑一审、质检二审、责任人三审。这样，对一些不规范的内容、质量不高的内容、有违规嫌疑的内容，基本上就能规避掉。编辑一审也称为自审，需要更多关注排版、用词、语言组织等基础性的内容规范；质检二审除了关注基础的内容规范，要更多关注该内容的主题、架构、案例、质量等综合规范要求；责任人三审需要更多关注该内容在社会责任等方面是否规范，如有无违规违法嫌疑、价值观是否正确、是否专业等问题。

思考与练习

（1）内容创作的基本流程是什么？
（2）在进行内容创作时为什么要做目标用户分析？
（3）内容创作应该注意哪些事项？

本章任务书

任务书 4.1		
学习领域	内容运营流程	
学习目标	知识目标：了解内容创作的注意事项 　　　　　掌握内容创作的基本流程 　　　　　掌握标题撰写技巧	
	技能目标：能根据一般内容创作流程进行内容创作 　　　　　能撰写标准的内容标题	
	素养目标：认识内容创作者的职业素养 　　　　　具备案例分析和汇报的基本素养要求	
姓名：	班级：	学时：
任务背景	标题是决定用户会不会点击打开内容的关键，好的标题是内容成功的基础，可以说，设置一个好的标题，内容就成功了一半	
任务要求	1. 请设想 3～5 个内容主题，给每个内容设计 1～2 个标题 2. 请自由选择新媒体平台上的内容，分析 5～10 个内容的标题，说出这些标题的巧妙之处，或不足之处	

续表

任务书 4.1	
提交形式	不限
考核标准	1. 标题要能准确表达内容的主题 2. 标题设计要科学、合理、吸引人 3. 运用了标题设计的一些技巧 4. 不是"标题党" 5. 分析合理，指出问题，并提出改进建议
实施过程	
成果展示	
任务反馈	

05 Chapter

第5章
图文内容和图集内容的创作

【学习目标】

➤ 掌握图文内容创作的基本流程。

➤ 掌握图文内容创作的技巧。

➤ 掌握图集内容创作基本流程。

图文内容是内容比较常见的内容形式，也是基础内容形式，掌握图文内容创作的基本流程和方法，是每位内容运营者必备的基本岗位能力。图集内容则是图文内容在形式上的升级，两者的创作都是通过对图片和文字的精心策划和编排，彰显内容价值。

5.1　图文内容的创作

图片和文字是最基础的内容展现形式，也是较早的内容形式，文字能够深刻地描述主题，有利于传递内容价值，图片是对文字的补充，带给读者舒适的阅读体验。图文内容的创作也是内容运营者最基础的工作，掌握图文内容的创作流程和技巧，是一个合格内容运营者的考核标准之一。

5.1.1　创作图文内容的基本流程

图文内容创作的一般流程为确定选题、拟定标题、搭建内容框架、填充内容、检查修正。

1. 确定选题

创作优质图文内容的第一步是选择好的题材，选题的目的是让用户在阅读前了解文章的主要内容，因此运营者在选题时要围绕产品的特征，同时要和运营的主题定位相符。运营者在选题前，首先要明确选题方向，也就是创作图文内容的目的是什么。运营者可以通过分析之前发布的优质内容所带来的用户表现以及同类图文内容的选题方向来最终确定自己的题材。

例如，运营者可以分析历史数据，如图文阅读、分享量、点赞量、分享率等。根据历史数据，总结出之前受欢迎的各种选题，从而有针对性地确定选题。

在确定选题的方向后，运营者可以从以下 3 点来进行选题。

（1）建立选题库

建立选题库，可以帮助运营者快速了解行业最新、最全、最受欢迎的内容，有效率地整理需要推送的内容，不仅可以节约时间，更是优质内容的保障。建立选题库之前必须要明确内容的定位，了解用户特点，选出能够吸引用户阅读的内容。

选题库的补充可以从日常生活中发生的事，阅读过的书籍、新闻，社交媒体平台所推送的大量文章的相似内容等优质选题入手，将合适的题目放入选题库中。同时，运营者要形成随时发现选题的习惯，将日常积累变成工作流程的一部分。

（2）固定栏目

在明确了选题方向后，运营者可以对所创作的图文内容进行划分，将内容分为固定的栏目。固定的栏目有助于运营者建立系统的运营体系，并帮助用户进行搜索阅读，使用户形成固定阅读思维，养成阅读习惯，对将要发布的内容产生预期；同时，也降低了运营者的选题难度。

栏目的划分可以根据运营者发布的图文内容的主题进行扩展，结合用户的搜索习惯，选择关键词进行扩展，综合考虑。例如，新媒体运营包括内容运营、用户运营、活动运营、品牌运营、社群运营等，其中，内容运营又可以划分为内容定位、内容选题、内容写作、内容包装、内容分发等；运营者找到关键词进行拓展和细化，就形成了一系列的选题。

（3）热点选题

借助热点选题，是目前最具影响力的选题方式，也是非常好的选题来源。运营者可以借助热点使所创作的图文内容获得大量的关注。接下来，热点的选择也是运营者需要考虑的问题，在创作图文内容前，运营者需要判断热点能不能追，以何种写作角度去追。选择最适合的选题角度去追热点话题，并与图文内容的主题定位相符，是借助热点选题的关键，运营者可以根据热点的覆盖度、传播度、话题性、相关度、风险度 5 个维度对选题进行判断。

2. 拟定标题

一篇文章的标题对内容的传播有着不可忽视的重要作用，在如今碎片化的互联网阅读时代，标题的选择决定了是否有用户愿意点击文章进行阅读。因此，选择一个能够吸引用户的标题是创作图文内容的第一步。标题的拟定可以综合运用热点事件、名人、数字符号、故事概括、干货推送等方法。

（1）热点事件

将标题结合近期国内外所发生的一些关注度很高的新闻事件，来增强对用户的吸引力，一般所使用的热点事件包括国家最新政策、社会新闻、热播电影电视剧、热门综艺节目等，这些热点能在一定时期内维持较高热度，带来巨大流量的事件。例如，"现实版《都挺好》，生活远比电视剧更可怕"便是借助热播电视剧《都挺好》，增加文章的点击率。

（2）名人

标题中引用名人，同标题与热点事件相结合类似，都是借助有较高热度的人物、事件，来引入大量的流量，增加内容的阅览量。而引用名人，不需要紧跟热点，只需找到与文章主题相吻合的名人事件，将其带入标题中，便可完成标题的创作。例如，"××营销的十大法则：不要过多地谈论产品"便是通过借助人物的知名度，增加文章的宣传效果。

（3）数字符号

当文章标题中出现数字时，可以给用户更直观的感受，让用户直接获取文章信息，吸引用户眼球。例如，"5 亿变 63 亿，王思聪的电竞投资生意经"，这一标题用"5 亿""63 亿"两个数字体现了王思聪投资的巨大收益，给用户比较直观的阅览对比。

同时，在文章中使用标点符号可以向用户传达文章创作者的情感，引发共鸣，进而吸引用户阅读。

感叹号：表达强烈的情绪，突出强调某个事物，带动用户情绪。例如，"震惊!!!! 你捐的衣服哪里去了!!!"

问号：引发用户疑惑，带动起用户的好奇心。将陈述句变为设问句。例如，"第一次做 App 容易犯的错误有哪些?"

（4）故事概括

将文章的主要内容以梗概的形式出现在标题中，使用户在点击文章进行阅读前就可了解文章的主要内容，快速选择想要阅读的文章。也方便内容对目标用户的精准抓取。例如，"杭州落户政策：加大人才补贴，本科 1 万、硕士 3 万、博士 5 万"，从标题就可以看出该内容的主要信息，即人才补贴相关内容，且能从标题上看出比较具体的、重要的信息。

（5）干货推送

在标题中直接表明文章所包含的技巧性的内容，通过精简、提炼，找出最核心的关键点，并逐一列举。例如，"科学实测 33 支入门款电动牙刷，选出最值得买的 7 款""超实用的 8 个 Excel 办公技巧"。

3. 搭建内容框架

在图文内容的创作中，文字与图片的编排对内容的质量有很大的影响，因此，构建好文字与图片的框架结构尤为重要。文章框架的设计主要体现在段落分布、图片与文字的配置、小标题的设计等方面。在一般的图文内容创作中，大多采用分段式的内容设计，分段式排列产生的内容，有利于文章逻辑的梳理，减少用户阅读时的疲劳感，提升阅读体验，在进行框架构建时，应尽量选择 300 字左右配一张图，700 字左右分一段落，增强内容表达效果。若文章内容过多，可采用小标题的形式，分节展示内容，使用户阅读流畅、对文章的观点把握较清晰。

总之，在进行内容框架搭建时，内容创作者需用严谨的态度、清晰的逻辑层次、有条不紊的思路和专业的排版技术来提高内容质量。

4. 填充内容

不论创作图文内容的目的是什么，都离不开要展现产品的内涵和特点，运营者想要创作出优质的运营内容，内容就必须要有内涵，即用有吸引用户的内容来体现产品的价值和理念。一篇优质的图文内容不能仅局限于标题和排版，更应该注重内容内在的深度，以精练的内容产生传播价值，促使用户主动收藏、转发，提高文章的曝光频率，吸引更多的流量。因此，运营者必须深入地了解自己的产品特色和定位，有针对性地进行创作，从用户的角度探寻用户的兴趣，将产品的特征和内容巧妙地结合在一起，让用户对产品产生浓厚的兴趣。

运营者在填充内容时，一定要切合用户的需求，满足主流群体兴趣的内容容易获得广泛的阅读和关注。运营者可以通过权威的数据或图表来反映产品的细节，或通过用户的反馈来体现产品特性，使用户对产品产生信任。运营者还可以通过满足用户的情感需求与用户达成认知的一致性，不断提高用户对内容的依赖程度。

此外，运营者填充的内容要连贯，按照之前的排版依次填充，标题和重点要突出，文字清晰流畅，没有冗余，通过图文混排的形式直击用户的痛点。同时，运营者要考虑到用户的理解水平，不易填充过于晦涩难懂或与普遍用户的理解水平相差甚远的文字，易于理解的图文内容更有利于传播。

5. 检查修正

完成内容的填充后，运营者在发布前要进行的最后一步是对内容的检查修正，检查修正主要包括检查文章整体结构、格式排版、文字标点等一些细节方面的内容，对文章细节的优化是运营者必须完成的内容，在发布前期准备充足，才能产生优质的运营内容，并不断提高运营者的水平。需要运营者修改和完善的具体内容如下。

（1）格式排版方面：文章标题能否吸引用户、正文是否连贯、过渡是否自然、过渡词使用是否准确、文字与图片的布局是否合理、文章的首尾是否与主题呼应等。

（2）文字标点方面：文章是否有错别字、文章标点使用是否正确、文章中所添加的购买链接是否有效等。

（3）内容方面：文章是否过长或太短、文章内容有无违反发布规则、所选图片是否合适、需要推广的产品、品牌或者活动等目标是否成功地植入内容中、关键词是否过于集中等。

总之，在一篇图文内容初次创作完成后，不要着急立即发布，运营者需要对内容进行精读一遍，完成校验，避免出现各类小错误。

5.1.2　创作图文内容的技巧

创作图文内容的技巧很多，对技巧的掌握和运用都会导致不同的人创作的内容千差万别，但是掌握一些基本的技巧，可以让内容创作的工作变得不再那么难以捉摸，本书主要从内容的标题和关键词布局方面介绍一下内容创作的基本技巧。

1. 一个吸引人的标题

一个吸引人的标题可以起到事半功倍的效果，在明确选题方向与拟定标题的方法后，创作者可以通过以下标题制作方法拟定一个吸引人的标题。

（1）疑问式

疑问式是通过用户的好奇心，来吸引用户阅读。例如，"一个追求高效的学习者手机里装有哪些 App？"

（2）清单式

用户每天都在接受海量信息，清单就可以非常贴心地帮用户整理信息，快速鉴别信息的精准度，清单式的内容就可以很好地帮助用户进行信息的筛选。例如，知识干货类内容、作者的推荐等，这种类型的文章标题如下："如果你想提高写作能力，我推荐这 6 本书""实用美观，文艺范儿的 App 推荐""这些细节告诉你晚睡的危害有哪些"。

（3）对比式

对比式是通过标题中两个相对立的观点，突出创作者想要阐述的内容，从而引起用户的注意，正反对比越强烈，越能吸引用户阅读。例如，"你不是不努力，你是太着急""你连时间都不会管理，你怎么可能做斜杠青年""那些厉害的人，用的都是笨办法"等。

2. 合理的关键词布局

关键词是指在文章中频繁出现的词汇，能够代表文章的主要观点或产品的特点。关键词的选择会影响到文章的阅读量，相关关键词的搜索指数代表了这个关键词的受欢迎程度，关键词的受欢迎程度决定了系统对文章的推荐程度，选择热点关键词，可以帮助文章获得快速的推广，让内容运营者的运营更加便捷。

同时，关键词的选择也不宜过多，选择最具代表性的关键词，并通过合理的布局，可以起到事半功倍的效果。关键词的布局包括标题排版布局、图片排版布局、结尾排版布局等。

内容运营者在编辑选择关键词前，可以提前对相关关键词进行检索，如检索分析用户在搜索同类产品时使用频率较高的关键词。根据检索结果选择符合用户搜索习惯的关键词，并按照用户的关注点进行排序，选择前 2~3 个关键词。据此，运营者在编辑关键词时，为提高关键词的质量，增加曝光量，应选择紧跟热点内容、有针对性、与产品相关、频繁被用户搜索的关键词。

下面以微信公众号的关键词排版为例，说明如何合理布局关键词。

（1）封面

图文内容的封面，会对用户有较大的吸引力，封面中的文字通常都是提炼出的关键词，能够吸引到对这个关键词感兴趣的用户打开文章，如图 5-1 所示。

（2）内容

若文章篇幅过多，同样的字体和颜色会使用户产生阅读疲劳，不能把握文章的重点，因此，运营者可以通过"强调"关键词的方式来突出文章的重要观点。"强调"的形式有增大字体、改变颜色、加粗文字，如图 5-2 所示。

图 5-1　微信公众号封面示例

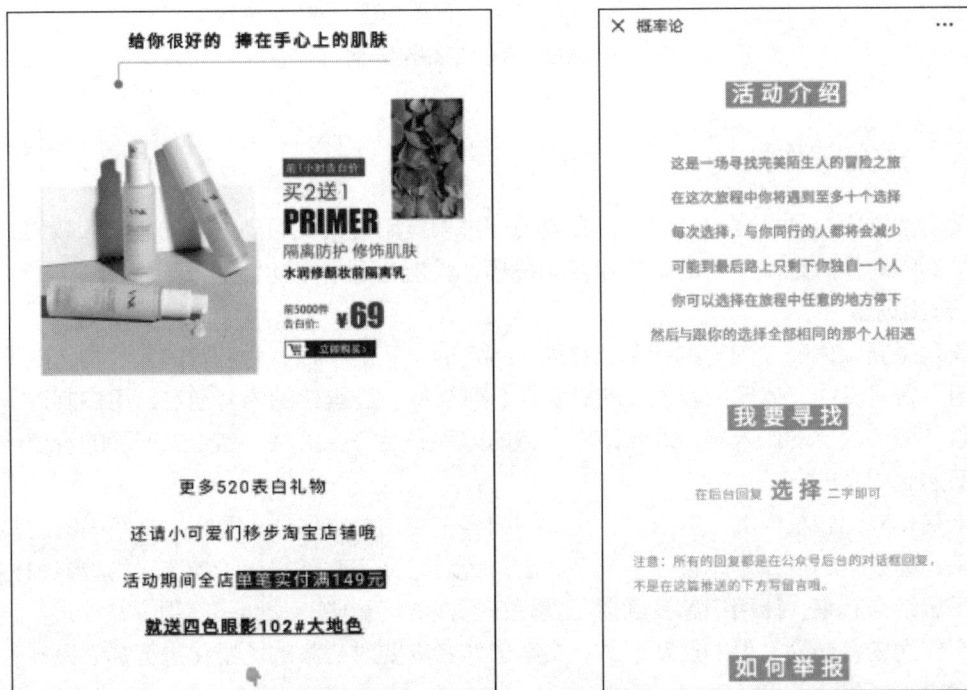

图 5-2　微信公众号正文关键词示例

（3）结尾

在公众号文章的底部，运营者可以放置公众号的二维码和简介，引导用户进行关注。布局的方法主要有两种，一种是上下型排版，另一种是左右型排版，如图 5-3 所示。

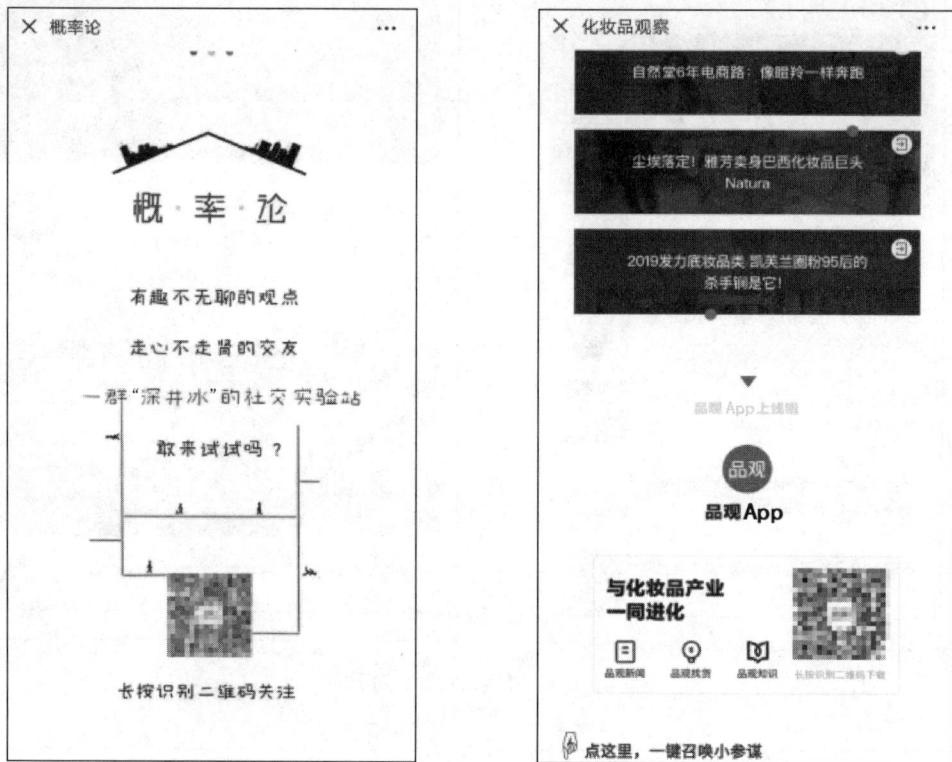

图 5-3　微信公众号结尾内容示例

5.1.3　文案写作技巧

文案是图文内容的主要组成部分，文字的编排和应用直接关系到内容的质量和效果，如果能对文案的写作总结出一定的基本规律和技巧，就能起到事半功倍的效果。

1. 善用场景

场景化是新媒体时代内容的特色，它通过特定时空下的事情，由特定的人、物组成的画面，让用户置身其中，体现内容展示的真实性、可靠性。场景化的内容通过给用户制造一个场景想象，增加内容的代入感，进而让用户将内容和产品产生关联，感受到产品的价值或定位，从而达到内容的营销目的。

文字是相对比较枯燥的内容形式，文案的内容主要由文字组成，要想把文案内容的效果体现出来，场景化的设计是比较好的选择。创作者通过文字对场景化的描述，将内容跟相关的产品场景结合起来，让用户感受到自己就处在那样的场景中，从而引起用户共鸣。

文案作为内容最为常见的展现形式，文案创作者需要对文案的场景化进行精心设计，如何对文案进行场景化的设计呢？

首先，要对需要描述的产品非常熟悉。内容写作的目的是宣传产品或品牌的价值，文案创作者就是要根据产品或品牌的卖点或特色，把产品的卖点和特色融入相关场景里面。越详细的场景，就越容易让用户产生画面感，用户一旦产生画面感开始联想，很容易被带入文案创作者创造的场景中，从而产生消费冲动。例如，裙子的基本卖点除了款式、面料等，还可以穿着去参加聚会，这样，裙子的场景就可以围绕聚会展开设计了。

其次，要对目标用户有足够的了解。写出来的文案是给目标用户阅览的，只有设计的场景符合目标用户，才能引起他们的共鸣。要思考目标用户是谁？他们的习惯是什么？他们最迫切的需求是什么？

最后，结合产品卖点和目标用户需求，梳理出既能凸显产品卖点功能的，又能满足目标用户需求的场景。产品能帮用户解决哪些需求？用户可能会在何时何地使用该产品？产品给用户带来什么样的增值体验？

值得注意的是，产品的功能可能很强大，相关的场景也很多，但是也只能选择一个最符合的特定场景，场景化越详细越能让用户感受到。

例如，某汽车的广告文案如下。

普通文案：×××发动机，全时四驱，全景天窗，无与伦比的驾驶乐趣……

场景化文案：周末，你带着老婆和 3 个月大的宝宝，开着它去郊外去露营。全时四驱，无论怎么颠簸，宝宝都能安然入睡。老婆透过全景天窗，看到那蓝蓝的天，淡淡的云，对你说："老公，今天一定是咱家的幸运日"。手握着方向盘，看着熟睡的宝宝和贤惠的老婆，你觉得整个世界都在你手中。

在这个场景化文案中，用户在阅览文字的时候，也能跟随文案描述的场景进入角色，感受到这款汽车的驾驶乐趣。

2. 善用具体数据

数据是对事物在某个时间段内的状态最客观的表达，不带有感情色彩，比较可靠。而文案的目的是建立信任，利用相关的客观的数据支持文案的观点，会更加有说服力，能提高文案的整体效果。数据除了是客观的代表，还容易让用户在脑海里形成一个换算的过程，如看到文案："截至 2018 年年底，我国网民有 8.02 亿"，用户就会在脑海里有一个计算的概念：在我国，除去老人和小孩，几乎人人都是网民，充分表达了网民数量的庞大。

数据也能给到用户比较直观的感受，用户能联想到具体的效果场景。例如，当智能手机面临电池续航的问题时，OPPO 率先抛出"充电五分钟，通话两小时"的概念，让用户能联想到因为手机电池续航不足时的困境，同时也能浮现出这个困惑可以被解决，再也不会出现的美好愿望。美的空调的"一晚一度电"也是如此道理。

在进行文案编辑时，尽可能地多使用比较具体的数字，让数字帮助文案变得更加客观、可信。尤其是涉及产品成分、时效等关键卖点时。例如，用户多少岁了？产品多少年了？品牌多少年了？产品有多少年的悠久历史？这些数据都可以进行挖掘，进而用到文案中。

针对用户比较关心的利益问题和专业问题，就可以在月薪、年薪、估值、融资、消费等方面用数字表示。表达产品有多么专业，有怎样的高科技含量，有多高的营养价值，销量有多高，则可以用"获得了 20 项行业专利，富含 17 种维生素，每 100 个人中就有一人"等表述方法。

3. 善用故事

人们都喜欢听故事，故事总是以"时间、地点、人物"的形式表现，具有很强的代入感，能充分地调动起用户的情绪，很容易将用户带入故事的场景中去。故事具有可读性强、画面感强、共鸣点多、传播力强、说服力强等特点。故事的细节总能调动用户的某个情结，图5-4所示为支付宝故事文案示例。

1. 今年的账单上，90%的付款记录是为了我。爱别人前，我想先学会爱自己（为悦己支付，每一笔都是在乎）。

2. 坐过55小时的火车，睡过68元的沙发，我要一步步丈量这个世界（为梦想付出，每一笔都是在乎）。

3. 我曾与很多姑娘说过情话，但让我习惯为她买早餐的只有你（为真爱付出，每笔都是在乎）。

4. 千里之外每月为父母按下水电费的"支付"键，仿佛我从未走远（为牵挂付出，每一笔都是在乎）。

5. 天南海北聊天的人很多，只有你会为我转来救急的钱和一瓶装心事的酒（为友情付出，每一笔都是在乎）。

1. 刘崇恬 21岁 大学生 "每到一个新地方，我都会先租辆单车，骑着它看看这座城市。低碳环保，我觉得很酷。"（芝麻信用和永安自行车合作，推出免押金租车服务，越来越多的人选择绿色出行，为地球减压。）

2. 李君婕 23岁 大学生 "用了10秒，做了一个最有成就感的决定，我是中国第150895位器官捐献志愿者。"（支付宝与中国器官移植发展基金合作推出"器官捐献登记"功能。）

3. 黄天莲 62岁 农民 "自从姑娘教会我用支付宝寄快递，最喜欢隔三差五给她寄吃的，想不到她不回家也能吃到我亲手做的腊肉，就很开心。"（支付宝联合EMS推出在线快递功能，用户通过支付宝"我的快递"功能可实现快递上门取件）

4. 洪蓉芳 67岁 个体商户 "自从孙女给我弄了支付宝，每天早上来买饼的年轻人翻了倍！"（支付宝推出全新收款功能，无论大商家小商家，都可以用支付宝收，戴现金生活成为可能）

5. 陈家荣 40岁 贫困户 "去年7月，老房子失火被烧了，最急的时候保险公司赔了我9000多块钱，原来政府早就给我们在支付宝上买了保险。"（支付宝联合中国人保、中国人寿推出公益保险，政府和爱心人士可以为低收入人群买一份保险，让他们的生活更有保障）

图5-4　支付宝故事文案示例

支付宝用这样的故事文案，减少了文字的枯燥，增强了可读性，同时也在用户脑海里展现了一幅幅温馨的画面，给用户留下了深刻的印象。

故事文案中的故事要与文案目标相结合，故事有体验型故事、痛点型故事、情怀型故事，文案的目标决定了故事的风格和类型。如果是要描述产品的功能性文案或产品推荐类文案，就可以采用体验型的故事风格，可以将自己购买或使用产品的过程编排成故事，既能在文案中介绍产品的基本信息和卖点，又增加了可读性；如果是挖掘目标用户需求的文案，则可以采用痛点型故事文案，可以将用户的深度需求以故事的形式表现出来，引起用户的共鸣；如果是产品或品牌宣传类的文案，则可以采用情怀型的故事，用温暖的情怀感化用户。

另外，故事文案不是只能出现在正式文案中的，在一些非正式的文案中，也是可以用带有故事情节的文案来增加文案的可读性，图5-5所示为朋友圈故事文案示例，是一个在朋友圈卖水果的文案，并没有说自己的水果如何好、如何新鲜，却说了一个水果商的小故事，同时也表达了自己经商的态度和理念，用这种小故事分享提高了文案的可读性。

本地有个水果摊，老板娘50几岁，收拾得干净利落。生意做得挺好，主要是老顾客多了，据她讲，当初从乡下来海游卖水果，一晃已经20几年了。

老板娘不识字，做生意后慢慢学会最基础的数字加减法。这么些年，陆续在城区买了2套房子，一辆车子。儿子去年结婚操办也都花她的钱。

我想说的是，任何一种生意都是积累性的。能够做到在一个领域里面深耕，此时你已经打败百分之九十的创业者。如果能够在同一个领域做延伸和发展，那么未来你可能就是那个佼佼者！

共勉！

图 5-5　朋友圈故事文案示例

4. 善用对比

心理学家研究发现，人类在做决策和判断时，都是相对的，当人们说起效果时，都是有参照物的，容易将现在跟以前、自己跟别人进行对比，观察有什么样的变化和改良。所以，当需要在文案中表达观点时，也可以采用对比的写作方法。对比的写作手法更能让用户产生明确的效果判断和购买决定。

对比有纵向对比和横向对比，纵向对比就像一个时间轴，在同一件事情或产品中，做得有没有比之前更好，有哪些进步；横向对比就像一个空间轴，在这个空间内，跟别的产品或服务进行对比，比较有没有比别人强，强在什么地方。在进行文案撰写时，可以根据产品的发展路径和市场的竞争态势，适度地描写出时间前后、空间对比的区别，能够让用户对产品产生比较直观的认识，方便用户做决策。

5. 刺激情感

用户的购买过程多数情况下是不理性的，反而是感性的思维在引导购买决策，理性思维往往不利于购买决策的制订，所以，不要让文案带用户进入一种理性的思维模式，而是要利用文案触发用户的情感。情感能激发用户对产品更多的关注，如江小白就是以刺激人们的情感，用走心催泪的表达瓶文案让一个重庆白酒品牌家喻户晓，如图 5-6 所示。

江小白的成功离不开它的用心的文案，当然这不仅仅是一个简单的表达瓶文案，而是这个品牌日积月累的情感创意，自始至终都在传递其深深热爱生活的态度，正是这个虽生活困顿，但依然热情对待人生的态度打动了在都市打拼的青年，触发了他们内心深处的情感。

每个人都在导演自己的人生，扮演过很多自己"不擅长"的角色，隐藏了许多未曾说出口的话。

这就是我们所谓的成熟？因为常常应酬，所以习惯了假装；因为人人攀比，所以习惯了浮夸。

忘了在最熟悉的人面前，一切抵御世俗的甲胄都多余。少一分防备，就多一份简单。少一分芥蒂，就多一份热情。

生活总是充满无奈，我不想去阿谀奉承的酒局，只想赴约有兄弟有酒的烧烤摊；不想过那种喝了酒才能放声大哭的日子；不想谋生，只想生活……

我们在感情里总是用力过猛，就像 #从你的全世界路过# 里的"猪头"一样，为了爱的人，勇往直前！

从什么时候开始，红包衡量着友谊，纪念品的单价考量着爱情？生活何必这般复杂，就像#北上广依然相信爱情#，你我也依然相信生活就要简单一点。

天越来越冷了，别让天气的温度，冷却了相聚的热情，约几个兄弟，温一杯酒，暖一场冬。

图 5-6　江小白文案示例

人们的情感来自多方面，也有多方面的表现形式，不仅有高兴的，也有悲伤的，综合来说，人类的情感有喜、怒、哀、乐、忧、恐，文案创作者在意图刺激用户的情感时，也需要考虑多方面的因素，避免使用悲观的情绪，将用户带入一个不太乐观的场景中去，不利于文案目标的达成。需要考虑产品的定位和目标用户的特点，如可口可乐的文案多为积极快乐的风格，江小白的文案则是考虑到目标用户在都市艰苦奋斗，需要心灵上的慰藉和鼓励。

6. 利用权威

人们总是倾向相信权威，权威代表着专业和信任，如果能在文案中加入一些权威背书，例如，权威机构、名人、国家认证等信息，大部分用户对这些权威信息都是比较信任的，这些权威背书能帮助文案建立信任感。图 5-7 所示为一款关于儿童喷雾器的文案，则是用医生专业推荐的角度阐释了该产品的可信度。

███　你们是不是还在用纸巾、棉签给孩子清鼻子？孩子的鼻腔极其脆弱，不正确的清鼻方法可能会伤害孩子的鼻腔哦。这款喷雾器是××推荐 **(权威转嫁成功，利用××，让用户信服)**，一喷就可以温和的清理鼻子，孩子不抗拒爱上喷一喷！

图 5-7　利用权威文案示例

权威背书用在对产品的介绍里也非常合适，通过产品详情的设计将国家专业认证的信息表达出来，让用户了解产品基本属性的同时，对产品的安全问题没有顾虑，从而建立了信任感，促成了交易的达成。图 5-8 所示的某化妆品的详情页文案中就引用了产品的"国家特殊用途化妆品许可证"的权威背书，打消了用户对产品品质的顾虑。

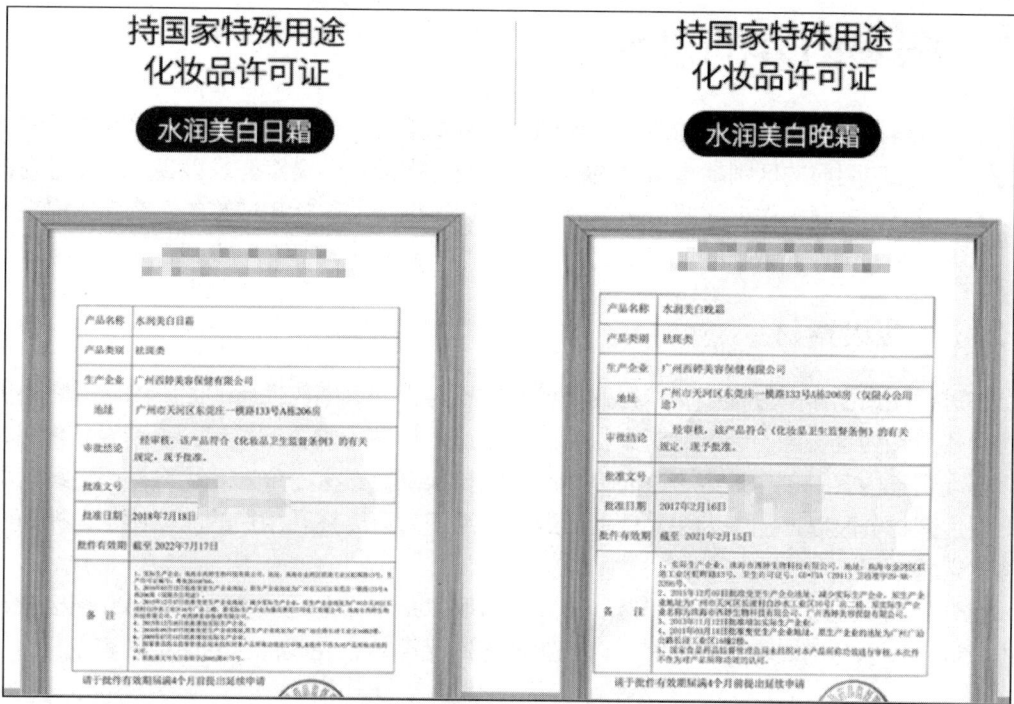

图 5-8　利用权威背书文案示例

不过，权威背书是建立在真实背书的基础上，不能因为需要权威背书而去杜撰"权威"，而是要在文案内容中，充分利用产品或品牌已有的足够多的权威信息。

7. 与"我"相关

能打动用户的文案还有一个特点，就是文案的内容或寓意与用户有关，让他/她感觉：这不就是说的我吗！例如，网易云音乐携手杭州地铁发起的"乐评专列：看见音乐的力量"，把一度深深打动人们的那些歌曲评论，印满了杭州地铁 1 号线和整个江陵路地铁站。来自网易云音乐点赞数最高的 5000 条优质乐评，经过层层筛选，最终映入乘客眼帘，用音乐故事填满 1 号线之旅。而这些饱含温度的文案内容，就是广大网友内心情感的真实写照，让人感觉像在叙说自己的故事，引起许多乘客和网友的共鸣，引发了众多网友在社交媒体上的热烈转发，如图 5-9 所示。

图 5-9　网易云音乐文案示例

5.2　图集内容的创作

图集内容创作的基本流程与图文内容创作的基本流程大致相同，也可以理解成是图文内容的转化，比较明显的区别就是图集内容创作对图片中涉及的文案要求极高，以及对内容的设计要求极高，需要创作者将要传达的内容主旨通过精简的图片和精练的文案表达出来。所以，图集内容的创作对素材的要求很高。

5.2.1　搜集素材

在进行图集创作的过程中，素材的搜集是必不可少的。创作优质的图集内容，需要优质的图片资源和内容资源。因此，对素材库的积累是创作图集内容的关键，不断更新素材库，可以提高图集内容的创作效率，进而提高产品的转换率。素材库分为图片素材和文案素材两类。图片素材一般以产品图为主，精美细致的产品图片可以提升用户的阅读体验，提高图集内容的运营效果。

此外，也要注重文案素材的整理。文案素材可以是创作者提供优秀的产品介绍格式、产品推荐词以及引导用户购买的文案，以此来匹配产品图片，完成优质的图集内容创作。

5.2.2　整合素材

素材确定后，创作者需要对素材进行整合。创作者需要将已搜集到的素材按照不同的用途进行分类整理，首先对产品图片按照产品的整体外观、多面展示、细节展示的顺序进行排列，然后找出对应的文案并对文案进行编辑，使产品图片与文案完美契合，最后将整理好的素材合编成一个图集，等待发布。

5.2.3　内容设计

图集内容最重要的是对图片和文案的结合进行设计，如何将要传递的内容主旨通过精准的设计，用图片承载文字的形式展示出来？如何做到将文字和图片的精髓以最具有视觉冲击力的结合形式进行设计？如何做到图片承载文字、文字升华图片？这些都是创作者需要考虑的问题。不过，这个过程不是一蹴而就的，需要创作者具备一定的审美能力和设计能力，以及对产品或对目标用户具备一定的把控力。

5.2.4　检查修正

对图集进行检查也是至关重要的一步，是确保优质图集内容的关键。因为图集内容创作注重图片的质量，因此，对图集的检查主要侧重于图片与相应的文字。创作者需要检查修正的主要内容有：所选择的图片是否符合文章主题、图片质量是否清晰、图片是否存在无法加载的情况、所选择的图片是否能清楚完整地展现产品的特性和细节、图片顺序是否合理、图片数量是否恰当、图片版权是否明晰。

此外，创作者也要检查图集内容所配的文案，具体检查内容有：文字是否有错别字、文字标点使用是否正确、文字是否简洁、关键词是否能概括图集的内容。

思考与
练习

（1）图文内容创作的基本流程是什么？

（2）图文内容创作的基本技巧有哪些？

（3）图集内容创作的流程是什么？

本章
任务书

任务书 5.1		
学习领域	图文内容创作	
学习目标	知识目标：了解图文内容的形式 　　　　　掌握图文内容创作基本流程	
	技能目标：学会图文创作基本流程 　　　　　能创作购物类平台的产品推荐类图文	
	素养目标：积累一定的审美观念	
姓名：	班级：	学时：
任务背景	淘宝的微淘内容渠道作为购物类平台内容营销的代表，一直占据淘宝内容营销的主阵地，逐渐成为商家建立品牌口碑的阵地。它通过持续可触达的通道，直接将内容展现给精准用户，打着经验分享、好货推荐、潮流搭配等招牌，实质上都是在为品牌宣传下功夫，通过实用、有吸引力的内容维护用户群体。既增强了用户与店铺之间的黏性，也挖掘了有限流量的价值	
任务要求	请选择一家你熟悉的淘宝天猫店铺，结合这家店铺的微淘运营现状，给这家店铺的微淘账号撰写一篇产品推荐类图文内容	
提交形式	Word	
考核标准	1. 文笔流畅、图片美观大方 2. 思路清晰，逻辑合理 3. 内容架构合理、完整	
实施过程		

续表

任务书 5.1	
成果展示	
任务反馈	

任务书 5.2	
学习领域	图文内容创作
学习目标	知识目标：了解图文内容的形式 　　　　掌握图文内容创作的基本流程
	技能目标：学会图文创作基本流程 　　　　能创作购物类平台的产品推荐类图文 　　　　学会利用图文创作工具
	素养目标：积累一定的审美观念
姓名：　　　　班级：　　　　学时：	
任务背景	公众号是新媒体时代重要的内容平台，其内容多为图文内容，请自行选择一个公众号，分析其内容定位，根据近期内容的规划，尝试为该公众号撰写一篇长图文内容，可以是科普类图文、知识类类图文、产品推荐类图文等
任务要求	所撰写内容要跟该公众号内容规划一致；排版风格跟该公众号排版一致
提交形式	Word
考核标准	1. 语言丰富、逻辑清晰、图片美观大方 2. 内容架构完整、合理 3. 排版风格与所选公众号是匹配的

任务书 5.2	
实施过程	
成果展示	
任务反馈	

任务书 5.3	
学习领域	内容创作
学习目标	知识目标：了解图集内容的形式 　　　　　掌握图集内容创作基本流程
	技能目标：学会图集创作基本流程 　　　　　能创作一般图集内容 　　　　　学会利用图集创作工具
	素养目标：积累一定的审美观念

姓名：	班级：		学时：
任务背景	图集内容也是电商领域常用到的内容形式，请自行找一篇图集内容，根据该图集内容的模式和风格进行模仿，创作一篇新的图集内容		
任务要求	要求有自己的创意，图片和文字的版面编排要符合逻辑、有意义；图片和文字要求精练		
提交形式	图片格式		

续表

任务书 5.3	
考核标准	1. 图片的选用要精美、符合大众审美 2. 文字要精练、寓意深刻 3. 图片和文字的结合符合逻辑、编排合理
实施过程	
成果展示	
任务反馈	

06 Chapter

第6章
视频内容和直播内容的创作

【学习目标】

➢ 掌握视频内容创作的前期准备工作。

➢ 掌握视频内容创作的中期拍摄工作。

➢ 掌握视频内容创作的后期制作工作。

➢ 了解直播内容创作。

短视频和直播以其及时、互动和传播性强的特点，在移动终端设备和移动网络的普及下，迅速地占据了人们的碎片化时间，成为新的引流方式和互动方式，深得电子商务从业者的青睐。掌握短视频和直播内容的创作和运营，可以提高当下电子商务从业者的竞争力。

6.1　短视频内容的创作

随着新媒体技术的发展和新媒体工具的更新，视频内容创作的普及度也越来越高，做视频，不再只是专业人士的专属。新媒体时代，普通人也能做出精美的视频。在电商领域，视频内容一般为短视频内容，掌握短视频内容的创作已成为电商运营者的基本要求。视频内容的创作一般有前期准备、中期拍摄、后期制作三个过程。

6.1.1　前期准备

前期准备是视频内容创作的第一个阶段，这个阶段除了内容创意的准备，还需要对视频拍摄和制作所需要的基本知识和工具有所了解。其主要包括视频制作相关概念和术语、脚本策划、团队组建、拍摄器材的选择，以及摄影棚的搭建或选景等工作。

1. 了解视频制作相关概念和术语

开始拍摄前，需要了解视频相关的基本术语。只有掌握了一定的理论基础，才能够更加得心应手地拍摄和制作视频。了解下面这些基础概念，将有助于今后的视频创作和剪辑。

（1）分辨率

分辨率是单位英寸中所包含的像素点数，单位通常为 ppi，即像素每英寸。像素是构成影像的最小单位。通常情况下，图像的分辨率越高，所包含的像素点数就越多，图像就越清晰，给人的视觉感受就更好；同时，它也会增加文件占用的存储空间。

（2）帧速率和场

视频是由一系列的单独图像组成的，帧速率是指每秒刷新的图片的帧数，单位为帧每秒（frames per second，fps）。在视频上可以理解为每秒能够播放或录制多少帧画面。帧速率越高，得到的画面越流畅、逼真。要生成平滑连贯的动画效果，帧速率一般不小于 8fps。国内电视使用的帧速率为 25fps，电影为 24fps。捕捉动态视频内容时，帧速率越高越好。

帧是视频技术常用的最小单位，一帧是指由两次扫描获得的一幅完整图像的模拟信号，视频信号的每次扫描称作为场。

（3）剪辑

剪辑可以说是视频编辑中最常提到的专业术语，一部完整的视频通常需要经过多次剪辑操作才可以完成。

（4）画面组接规律

剪辑中镜头画面有两种最常用的画面组接规律，分别是静接静和动接静。

① 静接静

静接静是指固定镜头接固定镜头，即镜头画面与画面中的被拍摄主体都保持相对静止或者只有很小的运动，如两个人对话的场景。

② 动接静

动接静是指运动镜头接固定镜头，这里分为三种运动：一是画面本身不动，被拍摄的主体发生空间上的运动；二是被拍摄的主体不动，镜头运动；三是综合运动，即镜头与被拍摄的主体共同运动。一般情况下，这类镜头在组接时，往往一个镜头会有状态上的转变，如镜头从固定到运动，然后接上运动镜头。

（5）常用视频格式

视频格式决定了视频的类型，以及播放平台。常用的视频格式有以下几种：

① AVI 格式

AVI 格式（即音频视频交错格式），是将声音和影像同时组合在一起的文件格式。它对视频采用的是有损压缩方式，压缩率比较高，画面质量不太好，但视频所需存储空间相对较小，应用范围比较广泛。

② MOV 格式

MOV 格式是苹果公司开发的一种视频格式，默认的播放器是苹果的 QuickTime Player。它具有较高的压缩比率和比较完美的视频清晰度等特点，具有跨平台性，不仅支持 Mac 系统，还支持 Windows 系统。

③ MP4 格式

MP4 格式是一种兼容性非常好的视频格式，几乎可以在其中嵌入任何形式的数据，各种视频的编码、音频等。不过常见的大部分 MP4 文件存放的是 AVC（H.264）编码的视频和 AAC 编码的音频，MP4 的官方文件名后缀是 ".mp4"。

2. 脚本策划

在进行视频内容创作时，必须要进行视频内容的定位和内容规划两项工作，在确定好视频的类型、目标人群需求，规划好视频内容的主题、发布频次和时间之后，就进入到根据视频主题进行脚本策划的阶段。

脚本是指拍摄短视频作品时所依据的底本，可以说是故事的发展大纲，用以确定整个作品的发展方向和拍摄细节。拍摄短视频，尤其是有剧情的短视频时，切记不要想到哪里拍到哪里，盲目的拍摄会造成素材的冗杂和浪费，短片质量也没有保证。好的短视频团队，例如，"日食记"等都强调过脚本的重要性。

（1）脚本的作用

首先，脚本是整个短视频作品中最重要的灵魂。一个好的脚本可以使短视频有更加丰富的内涵，引起观众的共鸣。因此，团队中负责脚本策划的成员不仅需要较高的文学素养，同时还要对观众的需求有充分的了解。

其次，短视频拍摄需要演员、摄影师、灯光师、剪辑师等很多人员的配合，脚本可以让各类人员快速了解短视频拍摄的意图，并且各司其职，有助于明确需要提前准备的拍摄资源，使拍摄流程标准化，还能指导后期剪辑。

（2）脚本的分类

脚本一般分为文学脚本、拍摄提纲和分镜头脚本，它们分别适用于不同类型的视频。

文学脚本是将各种小说或者故事进行改版，方便以镜头语言来完成的一种台本方式。例如，电影剧本、电影文学剧本、广告脚本等。

拍摄提纲是拍摄一部影片或某些场面而制订的拍摄要点。它只对拍摄内容起各种提示作用，适用于一些不容易掌控和预测的视频内容的拍摄，例如，新闻纪录片的摄影师赶赴现场拍摄前，根据摄录事件的意义将预期拍摄的要点写成拍摄提纲，防止遗漏拍摄要点。

分镜头脚本适用于故事性强的短视频。分镜头脚本已经将文字转换成了可以用镜头直接表现的画面，通常包括镜号、画面内容、景别、摄法技巧、时长、机位、音效等，这些内容不是完全固定的，可以根据自己的需要进行增减。分镜头脚本一定程度上已经是"可视化"影像了，它能帮助团队最大程度地保留创作者的初衷，因此对于想要表达一定故事情节的短视频创作者是不可或缺的。

（3）脚本策划的内容

一个好的脚本策划不仅要求写出一个好故事，在这个过程中，还需要对需要的道具、布景以及演员进行标准化，从而帮助其他工作人员对于短视频作品的内核产生一定的了解。这样在下一步执行阶段就可以省去很多不必要的麻烦，最大限度保证成品的整体性，还可以大大提高短视频拍摄的效率。

一般短视频脚本策划的步骤如下。

① 明确主题

每个短视频必须有它想要表达的主题。例如，主题可以是为梦想而奋斗的困难，或者是初入职场的忐忑。但创作脚本必须先明确主题，然后才能开始后续工作，因为主题是所有的工作中心点和出发点。

② 搭建故事框架

有了基本的主题，下一步就是一步步地完善它。第一步是建立故事的框架，需要做的是用一个合适的故事来表达主题。

在这个过程中，角色、场景和事件都已被设置完成。例如，短视频的主题是展示初入职场的忐忑，角色设置可能是若干个刚入职的大学毕业生，进入某公司后发生的一些事情。在这个环节中，可以建立许多合理的情节和冲突来展示主题，并最终形成一个完整的故事。

③ 充盈细节

常言道"细节决定成败"，对于短视频也是如此。如果主题是树干，框架是树枝，细节就是树叶。细节可以增强观众的共鸣感，调动观众的情绪。在这个阶段，需要围绕主题，对故事框架进行细化，使视频内容更加丰满。

在确定了需要执行的细节后，考虑使用哪种镜头来呈现它，然后再编写一个非常具体的分镜脚本。分镜脚本内容越复杂、拍摄的信息越多，就越接近预期的拍摄效果。

3. 团队组建

短视频的生产、制作、宣传发布和运营一般需要组建一个团队。短视频制作团队的成员要根据短视频的内容方向进行安排，不同的内容有不同的要求，相应的对于负责该部分的成员也有不同的技能要求。建议尽量寻找有过相关经验的人士，以减少前期培养所耗费的时间。

一般而言，团队的基本配置为策划、编导、摄像、剪辑和推广运营，建议组建 4~6 人的分工团队。如果想要更好的效果，建议增加一个专业灯光师，有的摄影师可以兼任灯光师，有的编导可以兼任剪辑。如果团队成员掌握多项技能可以做到身兼数职，则可以减少人员的相关支出，甚至有的短视频团队最初只有一个人来维持日常创作活动。

4. 拍摄器材的选择

视频的制作离不开拍摄器材及相应的辅助器材。对器材的选择可根据自己的拍摄预算和条件决定。拍摄器材有单反相机、智能手机、摄像机；拍摄辅助器材有画面稳定辅助设备、灯光辅助设备、运动拍摄设备及声音设备。

（1）单反相机及必要拍摄配件

① 单反相机

单反相机相对于传统的摄像机更方便携带，因其体积小，能够更简便地进行一些摇镜头和移动镜头的拍摄，其性能基本能满足一般用户和专业摄影师的需求。此外，单反相机还能配备丰富的镜头，如微距镜头、鱼眼镜头、移轴镜头。利用镜头的特性，单反相机在拍摄时可以将背景虚化，从而突出主题。

市面上有很多单反相机，配置不同，价位也各异，新手可以选择 5000 元左右的入门型单反相机，资金充裕的则可以选择更高价格的单反相机，在选购相机时要注意是否有防抖功能。单反相机如图 6-1 所示。

图 6-1　单反相机示例

- 镜头

镜头是相机的最重要的部件之一，它直接影响拍摄成像的质量。单反相机镜头可分为变焦镜头、定焦镜头、微距镜头、移轴镜头、柔焦镜头等几个类别。不同种类的单反镜头用途也不尽相同。一般建议变焦和定焦镜头根据需要进行配置。

- 遮光罩

遮光罩用于安装在相机镜头前端遮挡有害光，也是常用的拍摄配件之一。使用遮光罩对于抑制画面光晕、避免杂光进入镜头、阻挡雨雪溅落、保护相机和镜头免遭碰撞等，能起到很好的作用。在室外拍摄时应尽量使用遮光罩，有助于提高拍摄的画面质量。

② 智能手机

2017 年年底，一部手机微电影——《三分钟》火了，让不少人知道了原来手机也可以拍电影。目前，市面上的很多智能手机价格比较适中，而且可以达到高清像素，对于刚入门短视频行业的新人来说，不是很了解拍摄的基本技巧或行业知识，可选择不购买单反相机、手持稳定器、灯光等专业的拍摄器材，先从使用智能手机拍摄入门。

③ 摄像机

一般家庭手持的 DV 摄像机价格从两千多元到上万元不等，可选择余地比较大。如果预算资金充足，可以选择专业级别的摄像机进行拍摄，建议购买万元以上的摄像机器。

（2）辅助设备

单独使用拍摄设备容易出现画面模糊、噪点多、音质差、可控性不强等问题，必要的辅助设备能帮助实现更加清晰、专业的视频效果，主要分为画面稳定辅助设备、灯光辅助设备、运动拍摄设备及声音设备。

① 画面稳定辅助设备

通常手持拍摄设备比较难保证视频画面的稳定，视频画面的抖动会影响视频的观看效果。图 6-2 所示为使用稳定设备前后对比效果。右图为使用稳定设备之后的画面，可以看出画面质量的清晰度明显比左图未使用前的清晰度有明显的提高，因此，此类设备是拍摄视频辅助设备的必备设备之一。

使用前　　　　　　　　　　　　使用后

图 6-2　使用稳定设备前后对比

- 三脚架

三脚架是拍摄视频时重要的稳定辅助设备之一，可以让拍摄的画面更加稳定。拍摄视频用的三脚架自重都较大，承重也较大，备有手柄，可以做出上下左右平滑的转动，使用三脚架完全能够满足短视频中常规镜头的拍摄需求。目前，市面上有一些三脚架能同时兼容相机和智能手机的安装拍摄，如图 6-3 所示。

图 6-3　相机和智能手机通用三脚架示例

- 云台

一般情况下，三脚架上都会有云台控制。云台是为了方便在拍摄过程中对被拍摄物体进行移动录制，按照类型又分为三维云台、球形云台以及液压云台。图 6-4 所示为三种不同类型的云台。

图 6-4   三种不同类型的云台示例

- 手持稳定器

借助于手持稳定器，即使在晃动比较严重的时候，依然可以拍摄稳定的画面，适合用来跟拍，建议预算充足的情况下，购买一台手持稳定器。手持稳定器可以分为相机稳定器（见图 6-5 中左图）以及手机稳定器（见图 6-5 中右图）。建议尽量选择滚轮变焦的手持稳定器。滚轮变焦可以做到数码变焦的平滑性，不会让画面有挫顿感，拍摄出来的视频可以减少后期剪辑的难度。

图 6-5   相机稳定器和手机稳定器示例

② 灯光辅助设备

灯光对于画面质量有着重要的影响，如果将视频影像比喻成一幅画，光线就是画笔，光影则造就了影像画面的立体感，因此灯光辅助设备也是视频拍摄必备辅助设备之一。

闪光灯是一种最常见的补光设备。它可以保证在昏暗情况下拍摄画面的清晰明亮，在户外拍摄时候，闪光灯还可用作辅助光源，还可以根据摄影师的要求用来布置特殊的效果。

摄像补光灯，现在使用的大多是 LED 补光灯，一般包括灯体和柔光罩、电池、充电器、转接杆等附件（见图 6-6）。拍摄视频一般需要三盏补光灯来实现最基本的三灯布光的布置，关于三灯布光的具体内容将在后续章节中详细说明。

在多数情况下，拍摄时都要求光线尽量柔和，因此柔光箱、柔光伞、反光伞、反光板、蜂窝罩、雷达罩等也是建议配置的设备。

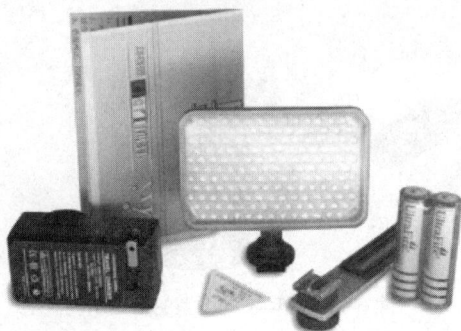

图 6-6　摄像补光灯及附件示例

③ 运动拍摄设备

运动镜头可以让画面更生动，合理地运用运动镜头可以更好地表达情绪。运动镜头拍摄一般需要铺设轨道，然后将拍摄设备放置在轨道上或者摄影师坐在（或站立）在轨道车上控制拍摄设备完成拍摄。一般常用的运动拍摄设备有轨道车和滑轨。

● 轨道车

在拍摄外景、动态场景时，轨道车是必不可少的辅助设备之一，根据拍摄场景的需要，轨道车可分为多种类型，可以根据拍摄需求选择使用。但在使用轨道车进行拍摄前要注意选择平整的地面、确保轨道与轨道之间结构连接紧密、三脚架和轨道车之间要连接好、提前调试和试用，避免在拍摄时出现差错而导致视频效果达不到预期。

● 滑轨

对于预算不是特别充足，且追求轻便的拍摄者来说，借助滑轨可以轻松实现推拉、平移等拍摄操作。市面上有多种滑轨可供选择，对于预算有限的初创团队既可以选择独立使用，也可固定在三脚架上使用，兼容单反相机、手机、摄像机等多种拍摄器材的滑轨（见图 6-7），与云台一起配合使用，实现多种运动拍摄效果。

图 6-7　滑轨示例

④ 声音设备

在短视频拍摄时，如果要达到比较优质的效果，不仅要在画面效果上花心思，还要在音频质量上下功夫。拍摄设备一般都会自带音频功能，但专业的声音设备录制的声音效果是大部分拍摄设备自带的录音部件无法比拟的，因此专业的声音设备也是必备设备之一。常用的有话筒、录音笔、拾音器等。在选取的过程中要注意功能细节，例如，是否支持连接手机使用等。

5. 摄影棚的搭建或选景

短视频拍摄需要在一定的场景下进行，这就需要进行选景或者搭建摄影棚。在预算不是特别充足且不需要架设灯光等大型辅助设备的情况下，可以选择一些免费的场景进行拍摄，如咖啡馆、艺术园区、步行街、商业街、公园等有很多场景可以选择。但是摄影棚对于每一个专业的短视频拍摄团队是必不可少的，摄影棚的搭建是短视频前期拍摄准备中最重要也是成本支出最高的一部分，需要根据短视频的脚本，按照短视频的主题对摄影棚进行设计。

想要搭建一个摄影棚，首先需要一个 30 平方米左右的工作室，过小的场地可能会导致摄影师拍摄距离不够。工作室大多采用租赁的方式，但是注意选择较为稳定的场地，防止发生拍摄进行到一半要求搬走的情况。

在摄影棚搭建完毕后，就要进行装修设计。装修设计必须根据短视频的主题来进行，最大限度地利用有限的场地，道具的安排要紧凑，避免不必要的空间浪费。此外，短视频的拍摄场景不会是一成不变的，所以场景设计要灵活。

一般摄影棚内部的基础设备包括以下四个方面。

（1）各色背景布或背景墙以及相配套的电动卷轴

尽量挑选可重复利用的背景布或背景墙，亮色背景和深色背景至少各准备一个，其中白色背景和黑色背景是百搭的选择。以人物访谈为例，亮色背景适合青春、阳光、爱情类主题的拍摄，深色背景适合严肃话题、知名人物拍摄。

除了纯色背景，实景的背景则更具有现场感和空间感。例如，拍摄淘宝商品的主图视频，可以根据产品，选择与产品使用场景相匹配的实景背景来进行拍摄，图 6-8 所示的一款儿童用可坐骑的拉杆箱的主图视频画面，就采用了建筑物的背景来进行拍摄，模拟了旅行中的使用场景，使观众更有真实感。但是使用实景背景要注意根据拍摄主题的需要进行布置，不要采用杂乱的背景，适当地对背景进行虚化处理，以免观众被实拍的背景分散了注意力而忽略了主体内容。

图 6-8　实景背景场景图示例

（2）闪光灯

闪光灯是短视频拍摄中必不可少的，虽然价格较高，但还是应该综合比较，选择较好一些的。

（3）万向转接头

万向转接头也是摄影棚必备的配件，用法多样，可以用来夹柔光屏，还可以用来夹灯架或横杆。

（4）其他设备

其他设备如蜂窝、柔光灯箱、滤片、雷达罩、反光伞、柔光伞、反光板、拍摄台、电动转盘等也是摄影棚中常用的设备。

6.1.2　中期拍摄

在前期各项准备完成后，短视频就进入了中期拍摄阶段。短视频的拍摄除了对画面构成、光影色彩的把控、影像的清晰程度有一定的要求以外，还会体现出摄影师本身的审美高度，一个好的摄影师可以提升整个短视频成品的效果，即使是简单的画面也能拍出不同的感觉，因此最好选择专业人士来进行拍摄。

1. 演员的挑选

演员的形象和表演是短视频作品完成后最能带给观众直观印象的部分，因此一定要根据视频的主题慎重选择，演员和短视频脚本中的角色定位要一致。对于一个优质的短视频作品而言，演员适合要比演员颜值更重要。

2. 现场的布置

拍摄前最好对摄影场地进行提前勘测，根据拍摄脚本的需求布置好背景，调试好摄像机、灯光等设备。

以拍摄人物访谈类视频为例，在拍摄场地不是特别宽敞的情况下，场地布置的一般步骤如下。

（1）拍摄背景

提前布置好拍摄背景，确定被拍摄人物、主摄像机和副摄像机的位置（以下简称主机位和副机位），如图6-9所示。

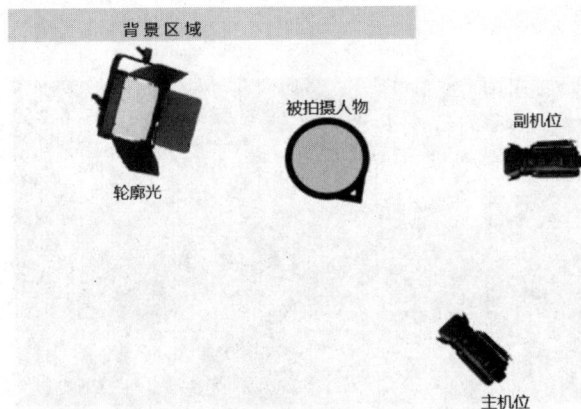

图6-9　人物访谈拍摄场地布置——机位布置示意图

将主机位放置在被拍摄人物的正前方，使之尽量对准包含背景的墙角，可以增加空间感。确定好主机位后，将副机位设置在被拍摄人物的左前方，用来拍摄人物特写，在保证画面效果的情况下，副机位要尽量离被拍摄人物近一些。

（2）灯光和布光

布光方式中最基本的是三灯布光。这种布光方式基本能满足大多数拍摄需求，尤其适用于以人物为主体的拍摄场景，主要包括主光、辅光和轮廓光。

主光是指模拟拍摄环境中的主要光照来源，例如，晴天的室外，主光通常来自太阳，室内的主光主要来自光线充足的窗户或者各种人造灯具。主光的作用是照亮主体（人物或物品）。主光的位置通常放置在主体侧前方，并且在主体与摄像机之间连线约 45 度到 90 度之间的范围内。

辅光的作用是修饰主光照射主体后留下的阴影。在日常的生活环境中，反光无处不在，人的眼睛习惯了阴影不明显的视觉环境，所以辅光能够还原较为真实和生活化的视觉效果。辅光的位置通常位于主体的另一侧前方，通常也位于主体与摄像机之间连线 45 度到 90 度的范围内。要注意的是，主光的强度一定要比辅光大，通常设置的主光与辅光的光比（即光照强度的比例）有 2：1、4：1 等。

轮廓光是三灯中唯一不是模拟自然光的一种布光方法，其本质上是一种修饰光。我们通过轮廓光打亮主体轮廓的边缘，将主体和背景分开，增强画面的层次和纵深感。轮廓光的位置通常位于主体后侧方与主光大致相对的位置，并以略高于主体的高度俯射主体。

在多数情况下，三灯布光法中的主光、辅光和轮廓光都要求光线尽量柔和。常用的三灯布光的布局位置如图 6-10 所示。

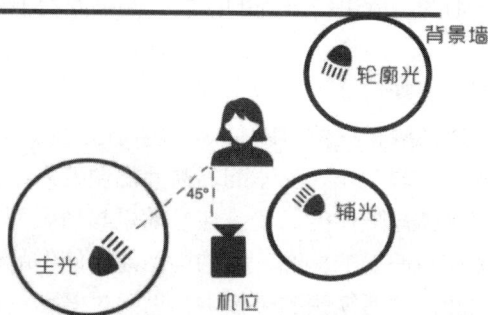

图 6-10　三灯布光布局示意图

例如，拍摄人物访谈类的视频时，灯光的布置采用三灯布光。首先，确定主光的位置，在被拍摄人物左前方约 45 度的位置，灯光亮度调高。然后确定辅光的位置，在被拍摄人物的右前方，与主光呈约 90 度夹角，亮度大约是主光的 50%，由于没有使用柔光伞，辅光没有直接照射在被拍摄人物的面部，而是照射到地上，利用反射的光达到柔光效果。最后将轮廓光的位置放在与主光大约呈 180 度夹角的位置，如图 6-11 所示。

（3）收音设备的布置

根据拍摄的需要，将收音设备布置好。例如，在人物访谈拍摄时，一般将话筒的一端连接到拍摄设备上，将话筒另一端固定在被拍摄人物衣服上比较靠近嘴的位置，但要注意话筒和嘴之间留一段距离，话筒的线尽量不要露或少露出来，以免影响拍摄画面的美观。

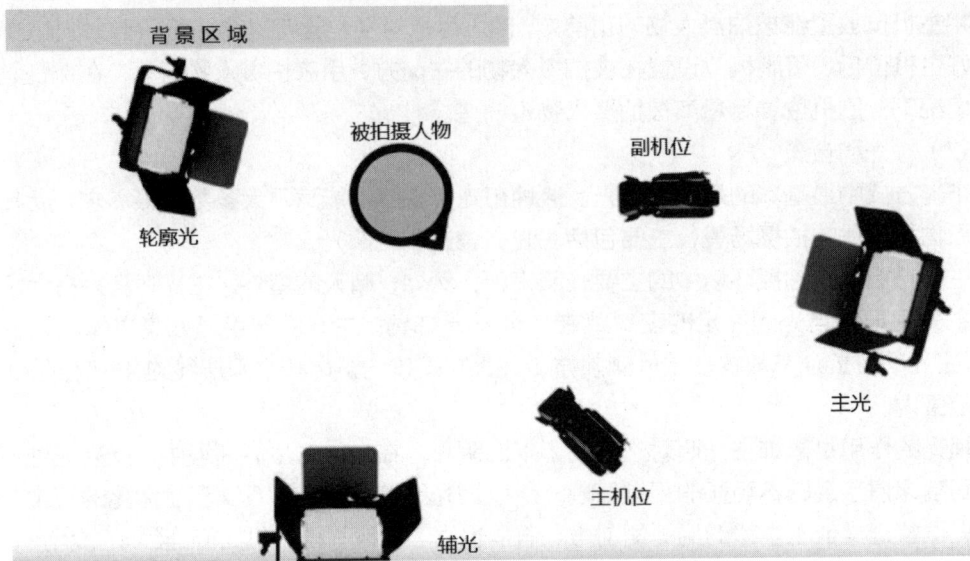

图 6-11　人物访谈拍摄场地布置——灯光布置示意图

3. 视频构图

很多短视频创作者在看"一条""二更"等短视频的时候都会有这样的困惑：人家的片子并不长，为什么整体看下来却有种电影的感觉，而自己的片子，从拍摄到剪辑，各个细节也都精心把关，为什么就很难达到这种效果呢？其实，造成这种情况的一个很重要的原因就是很多创作者不会构图。构图又称布局，即画面元素的关系和组织。拍摄视频实际上与拍摄图片相似，都需要对画面中的主体进行恰当的摆放，使画面看上去更有冲击力和美感，这就是构图的作用。

视频构图主要由以下三要素组成。

主体：画面的主要表达对象，主体可以是人，也可以是物。

陪体：画面的次要表达对象，作为主体的陪衬而出现的人或物。

环境：环境是围绕着主体与陪体的环境。包括前景与后景两个部分。

成功的摄影作品大多拥有严谨的构图，好的构图能够使作品重点突出、有条有理、富有美感、令人赏心悦目。因此在拍摄视频的过程中，需要对摄影主题进行适当构图，只有遵循构图原则，才能让拍摄的视频富有艺术感和美感。构图方式主要有九宫格构图、中心构图、垂直线构图、水平线构图、对角线构图、对称构图法、引导线构图、框架式构图和 S 形状构图等，短视频拍摄时比较常用的有九宫格构图法和中心构图法。

（1）九宫格构图

九宫格构图是拍摄中是最为常见、最基本的构图方法。如果把画面当作一个有边框的面积，把左、右、上、下四个边都进行三等分，然后用直线把这些对应的点连起来，画面中就构成一个"井"字，这样就将画面面积分成相等的九个方格，这就是"九宫格"（见图 6-12），"井"字的四个交叉点就是黄金分割点，从图 6-12 中可以发现，在九宫格中四条线的交汇点，是人类眼睛最敏感的地方，这四个点在理论学上又称为"趣味中心点"，只要掌握了如何采用这四个点来构图，就可以取得较好的构图效果。

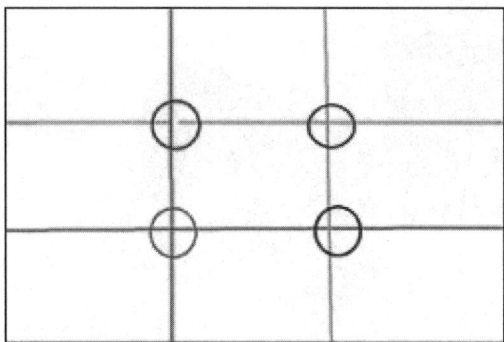

图 6-12　九宫格示意图

　　一般情况下，在全景中，黄金分割点是主体所在的位置（见图 6-13）。而在拍摄人物的时候，黄金分割点往往是人物眼睛所在的位置。黄金分割线是人们认为最有美感的线，只要不是对画面有特殊要求，或者背景过于杂乱、人物与背景关系不明显的时候，在拍摄时，应尽量遵守"黄金分割线"规则。

图 6-13　九宫格构图法应用示例

　　例如，很多人物访谈类视频经常采用的是九宫格构图法，将被拍摄人物的位置调整到右侧两个兴趣点的范围内，不用严格卡在兴趣点上，一般靠左一点或者靠右一点都可以。

　　（2）中心构图

　　中心构图就是将画面中的主要拍摄对象放到画面中间，一般来说画面中间是人们的视觉焦点，看到画面最先看到的会是中心点。这种构图方式的最大优点就在于使主体突出、明确，对于人像拍摄来说会突出人物，而对于产品拍摄来说则会强调产品。这种构图方式也是比较适合短视频内容拍摄的，一些短视频中也经常运用这种构图法。图 6-14所示为截取的一款女包的主图视频画面，采用中心构图法能更加突出产品，有利于展示产品细节。

图 6-14　中心构图法应用示例

总的来说，短视频因为其播放设备屏幕较小，视频内容节奏较快的问题，在进行画面构图的时候，应该尽可能地保证画面主体要表达清楚，杂乱的、不必要的背景越少越好，这是短视频画面构图最基本的准则。

4. 拍摄角度与景别

（1）景别

景别是指由于摄影机与被拍摄对象的距离不同，而造成被拍摄对象在摄影机寻像器中所呈现出的范围大小的区别。通常以画框截取成年人身体部位的多少为标准来区分各种景别。

景别一般可分为五种，由远至近分别为：远景（被摄体所处环境）、全景（人体的全部和周围背景）、中景（指人体膝部以上）、近景（指人体胸部以上）、特写（指局部放大拍摄），如图 6-15 所示。其中，近景和特写是使用最多的景别。在拍摄时，特别需要注意，切忌沿着被拍摄对象的关节处截取画面，例如，拍摄近景时要保留腰部以下或者腰部以上一点的画面，视觉效果会比较好。

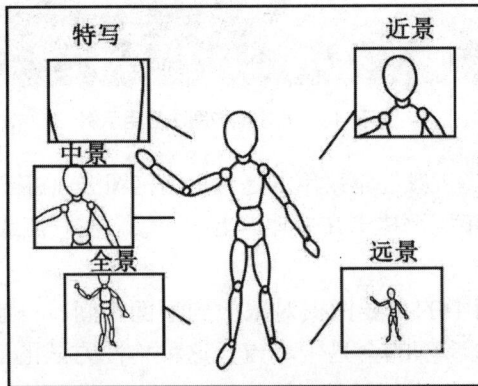

图 6-15　景别示意图

在视频中，不同景别的画面在人的生理和心理情感中都会产生不同的投影，带来不同的感受。观众看全景和远景时，心理比较松弛，会更理性和旁观。而在观看近景、特写画面时，则会有紧张感，或者更深入地进入角色的内心情感的世界里，从而增强观众的参与性。所以强调纪实和理性的影片常常偏向使用全景、远景，而恐怖片或强调紧张气氛的电影或抒情、主观色彩较浓的影片则更多的使用较近的景别。景别的选择应当和影片内容相结合，服从每部影片的艺术表现要求，要努力把风格同内容结合起来，使每个镜头都能够充分表达视频内容。

例如，拍摄人物访谈类视频内容，考虑到拍摄的舒适度，被访谈对象可以坐在高脚凳上进行拍摄，因此主摄像机的拍摄基本以近景为主，即拍摄人物腰部及以上的画面为主，而副摄像机的拍摄景别则以侧面特写为主。

对于淘宝视频的拍摄来说，全景多用于表现商品的整体造型（见图 6-16）；中景既能够展示产品的大概外形，又在一定程度上显示了细节，也是突出产品主题的常用景别（见图 6-17）；近景能很好地表现产品的特征和细节（见图 6-18）；特写能表现商品的材质、质量等细节，是淘宝视频拍摄中必用的景别（见图 6-19）。

图 6-16　全景拍摄示意图

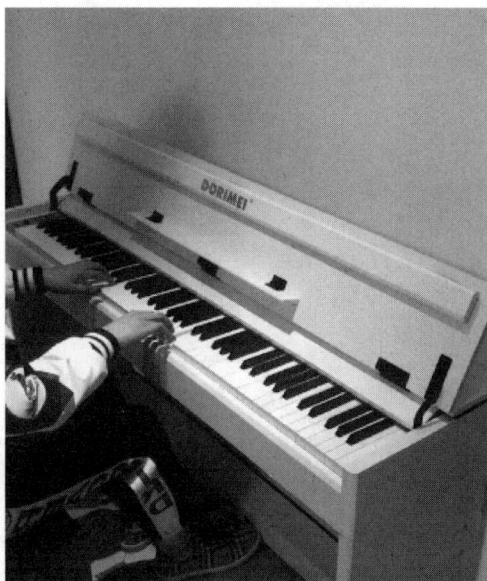

图 6-17　中景拍摄示意图

图 6-18　近景拍摄示意图

图 6-19　特写拍摄示意图

（2）角度

镜头角度是指摄影机拍摄电影画面时所选取的视角，指摄影机与被拍摄对象的假定垂直面之间形成的角度。

镜头角度可有纵向（即垂直方向）和横向（即水平方向）的变化。

垂直方向角度是从摄影机的位置，即人的视线基点来划分，可分为三种角度：平角度（平摄）、仰角度（低角度、仰拍）、俯角度（高角度、俯拍）。视频中绝大部分镜头的角度是平角，例如，人物访谈大多数采用平角来进行拍摄。仰角一般用来表现英雄，俯角通常可呈现出沉默、冷静的画面感。

以淘宝主图视频拍摄为例，平角度的拍摄接近人们观察事物的视觉效果，能真实地反映商品的形状等外形特征（见图 6-20）；仰角度的拍摄能够突出商品主体，表现商品的内部结构（见图 6-21）；俯角度的拍摄是最常见的，多用于展现商品的全貌（见图 6-22）。

图 6-20　平角度拍摄示意图

图 6-21　仰角度拍摄示意图

成熟女性之美悄然绽放

图 6-22　俯角度拍摄示意图

水平方向角度是根据被拍摄对象与摄影机的位置关系来划分，可分为正面角度、侧面角度、斜侧角度和背面角度。通常正面角度显得庄重、正规，能较准确、较客观、较全面地表现人或物的本来面貌；侧面角度显得活泼、自然，是一部影片中用得最多的角度；背面角度则显得含蓄、丰富。

以淘宝主图视频拍摄为例，多种造型的正面拍摄用于全方位地展示商品（见图 6-23），给买家留下第一印象；侧面和斜侧角度拍摄和则能够更加立体地展示产品（见图 6-24）；背面拍摄一般用于表现商品的全貌，如服装、鞋子、包的背面（见图 6-25）。

图 6-23　正面拍摄示意图

图 6-24　侧面拍摄示意图

图 6-25　背面拍摄示意图

　　不同的拍摄角度和方位往往能够赋予被拍摄对象不同的甚至是相反的感情色彩，并能产生独特的造型效果，例如，我国传统美学中的"横看成岭侧成峰"，在视频拍摄时要根据所需要表达的主题，灵活运用。

5. 拍摄技巧

　　拍摄视频时了解一些注意事项，运用一些小技巧，可以降低后期剪辑的难度。

　　（1）素材

　　拍摄素材的时长一般为视频剪辑为成品时长的两倍以上。例如，准备制作一段时长 3～5 分钟的人物访谈视频，拍摄素材时长至少要 10 分钟以上，这样有利于给后期提供足够的剪辑空间。

（2）多机位

尽量使用多机位拍摄，剪辑时可以呈现更多的画面角度，使画面看起来不单调，避免观众产生视觉疲劳。

（3）空镜头

除了拍摄主体对象，多拍摄一些与主体相关的画面及空镜头。多拍摄一些和主体相关的画面是为了方便剪辑的时候进行穿插，使画面看来更丰富；空镜头是指拍摄时画面中没有主体，例如，拍摄一段天空的镜头、风景的镜头、大海的镜头，空镜头可以在后期弥补前期拍摄画面素材的不足，也可以渲染一种情绪，还可以起到画面衔接、画面转换的作用。例如，当需要表现人物比较激动的画面时，除了利用对该人物的局部特写之外，还可以用一组澎湃大海的画面表现该人物的心情，同时也带动了观众的情绪。

（4）备用素材

进行拍摄时，建议同一镜头拍摄两次，以便某一段素材因为对焦不准等原因而无法使用时，可以有替换的素材。

6.1.3 后期制作

在前期素材都已经准备好之后，短视频的制作就进入剪辑阶段。剪辑（Film Editing），即将视频制作中所拍摄的大量素材，经过选择、取舍、分解与组接，最终完成一个连贯流畅、含义明确、主题鲜明并有艺术感染力的作品。剪辑既是视频制作工艺中一项不可缺少的工作，也是视频创作过程中所进行的一次再创作。

1. 视频制作软件及硬件要求

作为视频剪辑人员，必须对常用的视频剪辑软件和硬件有所了解，并熟练掌握 1～2 种剪辑软件，制作短视频通常需要准备以下软件和硬件。

（1）硬件

计算机：需要一台计算机来完成视频的后期制作，一般计算机需要配置 8GB 以上内存、SSD 固态硬盘、独立显卡，建议计算机安装系统为 Windows 7 或者 Windows 10 的 64 位操作系统，因为大部分后期制作软件都是在 64 位操作系统上运行的。

智能手机：目前市面上很多智能手机即可满足视频制作的基本需求，有些中高端手机也能完成非常精美的短视频作品的制作。

（2）软件

目前，针对不同类型的硬件设备，视频制作的软件也有所区分。下面从使用 PC 端和移动端两方面来介绍一下常用的视频制作软件。

① PC 端软件

大众化的视频剪辑软件主要有会声会影、爱剪辑等；专业的软件有 Premiere、Vegas、Final Cut Pro 和 After Effects 等，Adobe 旗下的 Premiere 入门不是很困难，功能相对比较专业，可以满足视频剪辑的需求。

② 移动端软件

移动端的视频剪辑软件有很多，主要有美拍、VUE、小影、乐秀等 App，上手容易，而且配备许多诸如背景抠图、混剪，镜头分割，倒放，动态贴纸，字幕，转场，滤镜等简单易用的功能，使用熟练后，能比较好地帮助完成短视频剪辑。

2．后期制作流程

视频剪辑制作一般流程如下。

（1）整理和导入素材

一般短视频是由前期拍摄的素材、背景音乐素材等构成，因此，开始视频剪辑前一定要根据拍摄的主题和脚本要求，将各种素材搜集好，并进行分类整理，导入视频剪辑软件中，方便后期剪辑时使用。

（2）编辑设想

在剪辑工作开始之前，需要提前想好要怎么剪辑，即考虑好整个剪辑的架构、流程和思路。

（3）初剪

行业内也叫粗剪，在这个环节里，把短视频中所有能用到的镜头先全部剪辑出来，然后根据前后的衔接顺序添加到剪辑软件的序列中。在这个过程中，需要初步检查镜头的逻辑顺序和衔接是否合理。

（4）精剪

短视频总体时长较短，因此在制作过程中，要特别注意内容的精细化处理，有时就是多了 1～2 帧，整个视频呈现的效果就会大打折扣，因此在精剪阶段，要按帧来精准调整视频内容，还需要对各个镜头的衔接效果进行调整，最后剪辑出第一次的成片。

（5）检查

这一环节一般会有导演参与，检查视频的意义表达是否准确，画面、镜头衔接是否能达到要求，最后还会检查声音是否够清晰，背景音乐和画面、镜头以及主题是否匹配，并对整个成片效果进行整体把控，调整出最终的成片。

3．视频剪辑注意事项

关于视频剪辑，应注意以下几点。

（1）镜头之间的衔接

镜头之间的衔接必须符合观众的思维方式和影视表现规律，要符合生活的逻辑、思维的逻辑。做短视频要表达的主题与中心思想一定要明确，在这个基础上我们才能够确定根据观众的心理要求，思维逻辑选哪些镜头，怎么样将它们组合在一起。

（2）镜头衔接要连贯，尽量避免跳接

景别的变化要采用"循序渐进"的方法。主要有以下几种。

前进式剧情：远景，全景，近景，特写过渡，表现有低沉到高昂向上的情绪和剧情的发展。

后退式剧情：近到远，表现由高昂到低沉，压抑的情绪，在影片中表现由细节到拓展到全部。

环形剧情：全景，中景，近景，特写，再特写，近景，中景，远景，表现情绪由低沉到高昂，再由高昂转向低沉。

跳接指打破一般切换时所遵循的时空和动作连续性，以动作的跳跃式组接突出某些必要的内容，省略时空。有时跳接是以观众的欣赏心理的能动性和连贯性为依据，营造某种特殊效果的有效手段，但大部分视频还是要注意镜头衔接的连贯性。

　　解决跳接的常用对策是把前镜头和后续镜头影像的大小差异加大。就是近镜后接中景，中景后接长镜，长镜后接特写。这种大小不同的连续镜头，可以使观众的不连续感和不愉快的异样感得以消除。

　　（3）镜头组接要遵循动从动，静接静的规则

　　如果画面中同一主体或不同主体的动作是连贯的，可以动作接动作，达到顺畅、简洁过渡的目的，简称为动接动。如果两个画面中的主体运动是不连贯的，或者他们中间有停顿时，那么这两个镜头的组接，必须在前一个画面主体做完一个完整动作停下来后，接上一个从静止到开始的运动镜头，这就是"静接静"。

　　（4）镜头组接的时间长度要合理

　　画面的时间长度和流畅性是有关联性的。如果每一个镜头的时间都一样长，节奏感完全一致，会容易使观赏者感觉单调乏味。

　　首先根据要表达的内容需要的时长，观众的接受能力来决定，其次还要考虑到画面构图等因素。一般而言，远景、中景等画面包含的内容多，则时间长些；近景、特写画面包含的内容少，则停留时间短些。另外，一幅画面要表现亮的部分时，一般时间短些；要表现暗部分的时候，一般时间长一些。重点表现动的部分时，画面时长要短些；表现静的部分时，持续时间一般稍长些。

　　（5）镜头组接的色彩要和谐、统一

　　如果把明暗或者色彩对比强烈的两个镜头组接在一起，会使人感到生硬和不连贯，影响内容的通畅表达。建议在镜头跟镜头的衔接处，选择色彩相同或相近的镜头，以达到平和过渡的效果。但是，在表达特殊画面寓意时，例如，波动比较大的心理变化和情绪变化、落差比较大的对比效果、为了视频效果设计的转折效果等一些特殊镜头，可以采用色差比较大的镜头组接。

6.2　直播内容的创作

　　本书所讲的直播是基于电商平台的直播，主要功能是服务用户、售卖产品，从直播间的创建到直播结束称为直播过程，在此过程中所有为了做好用户服务和产品售卖而做的操作都属于直播内容。本节以淘宝直播平台为例说明直播内容的创作。

6.2.1　淘宝直播分类

　　淘宝直播是阿里巴巴推出的直播平台，定位于"消费类直播"，用户可"边看边买"，用实时视频方式引领品质消费，通过粉丝打赏、关注及红包等多种互动模式，让消费过程充满趣味性。淘宝直播区别于虎牙和斗鱼这类直播，前者是以消费为主，后者以娱乐为主，所以在直播形式上有所差异。目前淘宝直播分为商家直播和达人直播，商家直播由拥有店铺的商家发起，达人直播是专业直播机构或者达人发起的直播（如个人、知名演艺工作者、机构），如图 6-26 所示。

图 6-26　淘宝直播类型示例图

6.2.2　直播发布权限开通和开通条件

直播发布权限是淘宝直播的基础权限，开通后可使用淘宝直播进行直播，并可在微淘或自有淘宝集市店铺首页/天猫店铺首页等私域流量渠道进行展示。商家直播和达人直播以及个人店铺和企业店铺直播的开通条件和要求会不一样，具体有以下几个方面。

1. 商家身份（含个人店铺和企业店铺）

入驻途径一：打开淘宝直播 App，点击最下方资讯板块的 Banner——手把手教你开通直播权限进入申请入口。

入驻途径二：打开淘宝直播 App，登录后点击创建直播，没有权限会直接提示申请入口。

商家须同时满足以下条件，方可申请。

（1）淘宝店铺满足一钻或一钻及以上（企业店不受限）。

（2）主营类目在线商品数≥5，且近 30 天店铺销量≥3，且近 90 天店铺成交金额≥1000 元。

（3）商家须符合《淘宝网营销活动规则》。

（4）本自然年度内不存在出售假冒商品违规的行为。

（5）本自然年度内未因发布违禁信息或假冒材质成分的严重违规行为扣分满 6 分及以上。

（6）商家具有一定的客户运营能力。

2. 个人主播（达人/消费者账号，且未开店）

开通条件如下（入驻不通过，页面上会显示具体的不通过原因）所示。

（1）登录淘宝账号，已通过支付宝实名认证，且已经注册成为淘宝达人。

（2）达人账号层级达到 L2 级别。

（3）准备一分钟以内本人出镜的高质量视频，能够体现较好的控场能力、表达能力（即口齿流利、思路清晰)、现场表现能力 (即粉丝互动性强)，不要仅限于自我介绍。

注意：如果既开通了店铺，又入驻了淘宝达人，建议通过商家身份入驻，商家主播和达人主播两种身份，不需要切换，实际也不影响。例如，通过商家身份开通直播后，想要通过达人身份进行直播，将店铺释放掉即可，不需要切换。

6.2.3　直播内容的创作流程

直播内容的创作一般有创建直播间、直播前的准备工作、直播过程等过程。以下以淘宝平台的直播创作说明直播内容创作的流程。

1. 创建直播间

目前淘宝直播支持在计算机端创建，也支持在手机淘宝直播 App 进行直播间创建。

（1）计算机端直播中控台发布直播

路径：商家自运营中心—淘宝直播—创建直播（见图 6-27）—选择直播类型（见图 6-28，目前只支持普通直播）。

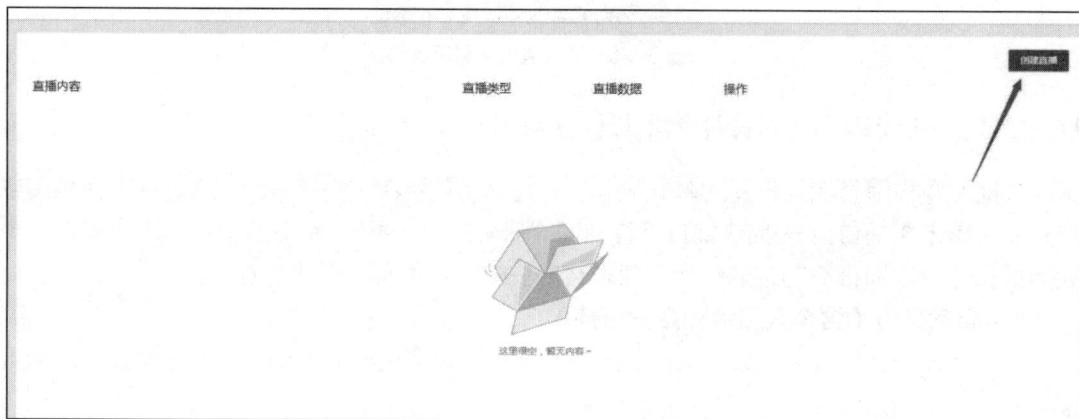

图 6-27　淘宝平台创建直播页面示例图

图 6-28　淘宝平台选择直播类型示例图

　　填写直播信息：直播活动、直播画面、直播开始时间、封面图、标题（一个好的标题能让你瞬间吸引观众的注意力）、内容简介、直播栏目、直播位置、添加宝贝（这样用户就可以边看边买），单击"发布"按钮，正式发起直播，如图 6-29 所示。

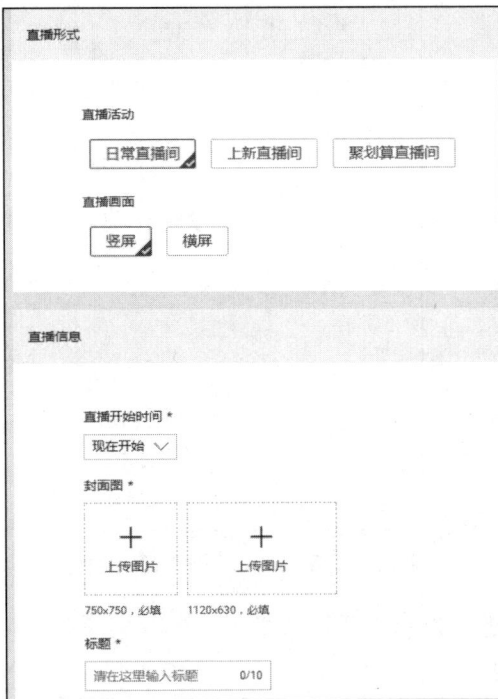

（a）

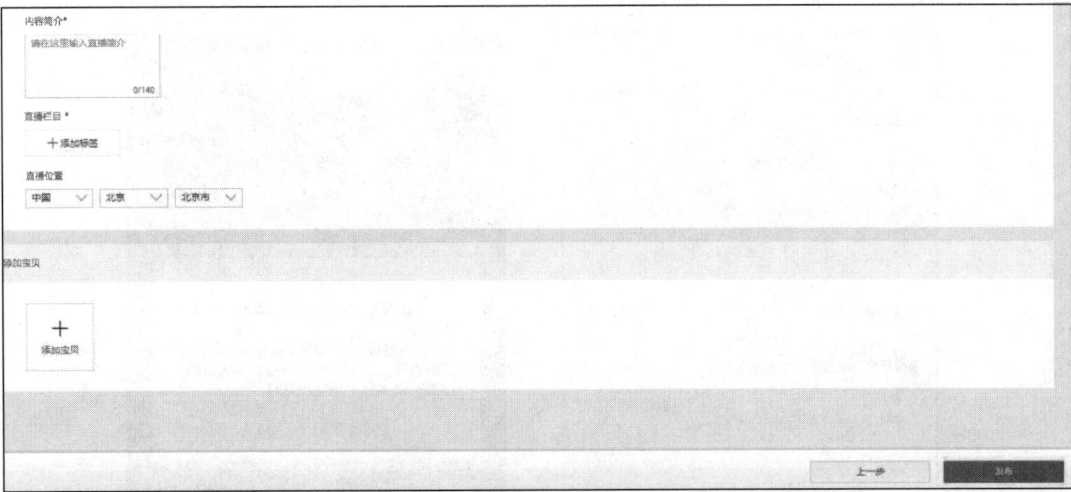

（b）

图 6-29　填写直播信息示例图

（2）手机淘宝直播 App 开启直播

第一步：下载淘宝直播 App（在应用市场和直播中控台都可以下载）。

第二步：打开直播 App，点击"创建直播"按钮（见图 6-30）。

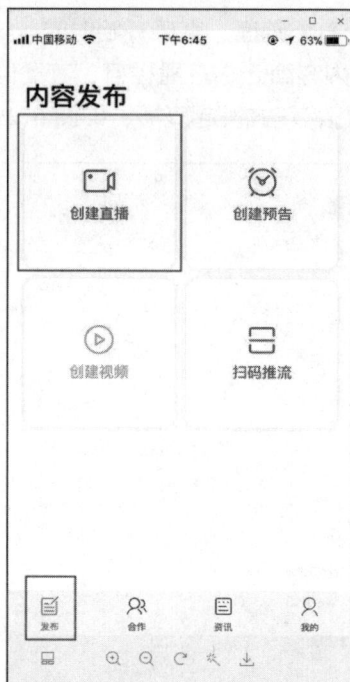

图6-30　手机 App 创建直播示例图

第三步：填写直播信息。填写直播封面图、直播类型、直播标题、内容简介、频道栏目、直播地点、添加宝贝等内容（这样用户就可以边看边买），点击"创建直播"按钮，选择是否开启高清模式，然后进入直播间，如图 6-31 所示。调整展示角度、灯光等方面后，点击右下方的"开始直播"按钮，正式发起直播。

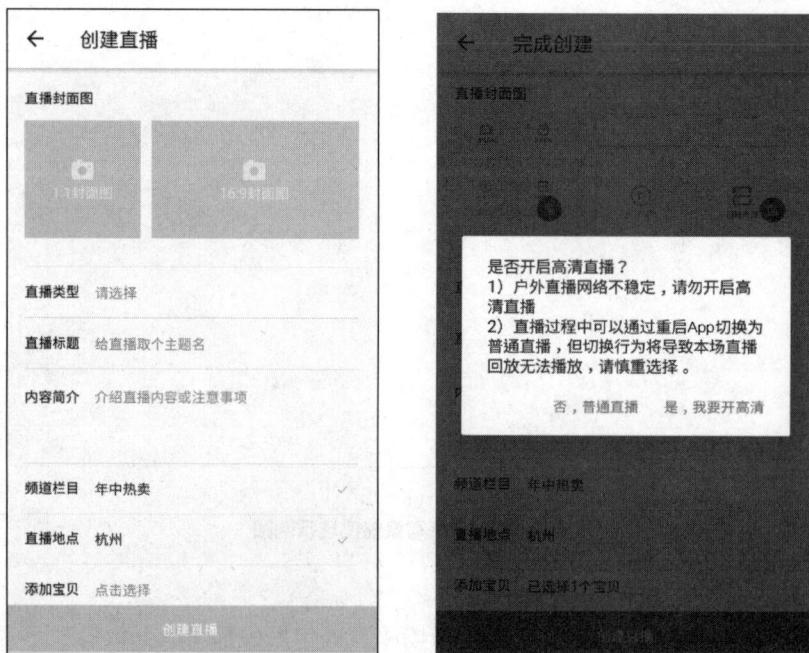

图6-31　手机 App 填写直播信息示例图

2. 直播前的准备工作

在创建好直播间后，进行直播之前，通常需要准备以下工作。

（1）光线

光线的明暗会影响到产品的展示和直播画面的效果，如果直播间光线偏暗，可以进行适当的补光；如果直播间稍大，且需要展示直播间的物品，建议选择专业的补光设备；如果只需要展示小范围直播间，可以选择安装在直播设备上的简易补光灯。

当然，如果条件允许，建议选择光线比较明亮的直播环境。

（2）场景

直播的场景布置也需要在直播之前确认，建议根据直播的产品或直播主题布置直播间的场景。例如，产品的摆放、背景墙、风格等。建议直播间整体看起来整洁有序、主题鲜明。

（3）直播器材

目前较常用的直播器材主要有手机和话筒（为了直播的声音效果，建议主播使用话筒）。开始直播前，建议检查直播设备的状态。例如，手机是否电量充足，是否需要准备备用手机，无线网络是否正常，话筒是否正常，手机是否开飞行模式或者设置成转接来电（以免直播的过程当中，突然出现来电情况）。

（4）主播形象

主播是影响直播效果的主要因素，要注意主播的形象和精神外貌，直播时搭配什么样的服装，是否需要对发型稍微整理，是否需要化妆，是否需要助手。

（5）产品

直播时，用户可能随时想看某个链接的产品，针对直播的产品，建议进行与产品链接一致的标识管理，例如，直播间的每一款产品，都挂上与该产品链接一致的数字符号，方便主播找寻产品。

3. 直播过程

（1）关注用户的互动信息

直播是实时的，用户和主播的互动非常频繁，此时，需要主播做好主动互动和被动互动的应对工作。主动互动就是主播要调动直播间的互动氛围，提高用户的停留时长。主动互动可以通过设置一些互动的话题或活动，例如，主播可以设计一些有奖竞猜活动，由主播提出一个问题，然后让用户回答，这样可以增加用户的停留时长和产品点击量。也可以利用产品秒杀进行互动，既调动了直播间的互动氛围，又提高了产品销售量。被动互动指主播要对用户关于直播内容和产品提出的问题作出及时回复，并正面积极地回答用户提出的问题，如果观看人数较多，问题较多，出镜主播不能及时回复时，也可以设置不出镜主播进行直播间的字幕回复。

在互动的设计上，可以巧妙利用产品秒杀、有奖竞猜、福利大放送、限时抢购等互动策略。产品秒杀可以放在直播刚开始，利用优惠吸引流量，也可以放在直播过程中，如定时秒杀、直播间满 1000 人秒杀等。有奖竞猜可以设计与产品或商家有关的一些问题，猜对的用户赠送一定优惠券以及折扣等。福利大放送可以根据商家的运营计划实施用户福利的发放，一次性提高用户黏性。

（2）巧用官方活动

直播平台经常会有各个领域、各个主题的活动，创作者要及时关注并参加官方的活动。

在大型官方活动的时候。例如，排位赛期间，可以设置直播间互动活动。例如，给用户榜前三名送大额优惠券，也可以设置排名榜排序第一的用户免单，这样不仅可以刺激用户消费，又可以活跃直播间的直播气氛。

6.2.4 淘宝直播浮现权和开通条件

有直播发布权限后开通直播只会在私域展现，只有获得直播浮现权才会在公域渠道获得展现（淘宝直播频道），获得更大的曝光和访客。

直通浮现权开通需要有以下几个条件。

（1）月开播场次≥8场，月开播天数≥8天。

（2）经验分≥3000分。

（3）符合《淘宝网营销活动规则》。

（4）本自然年度内未因发布违禁信息或假冒材质成分的严重违规行为扣分满6分及以上。

（5）本自然年度内不存在出售假冒商品违规的行为。

（6）店铺未涉及廉洁调查。

（7）当符合开通直播浮现权的条件后，淘宝直播会自动开启你的直播浮现权限，不需要申请。

6.2.5 如何做好一场直播

1. 团队合作

一场好的直播不是一个人完成的，需要团队的配合。我们看到的某主播一场直播成交上亿元，某主播直播五分钟卖掉1.5万支口红，这样耀眼的成绩不是单靠主播一个人完成的，而是需要一个团队的密切配合。主播是直播内容的直接承载者，而整个直播内容的完成，通常是依靠一个团队的整体运作。

一个标准的直播团队有主播、副播、主播助理、场控、策划、运营等人员。主播的任务是进行日常直播、熟悉产品信息、介绍展示产品、用户互动、活动介绍等；副播协助主播进行直播、与主播进行配合、说明直播间规则等；主播助理负责配合直播间所有现场工作、灯光设备调试、商品摆放等；场控负责直播中控台操作，协助红包发放、产品上架、活动报名等；策划负责编写直播脚本、玩法设计、脚本策划等；运营负责直播数据检测、分析优化方案、挖掘产品卖点、产品知识培训、商品的优化等。主播和副播的配合以及场控、助理、策划、运营的协助才能成就一场好的直播。

2. 主播很关键

直播内容的电商运营不同于其他的娱乐直播，运营直播内容要求主播有很强的专业性和名誉度，只有专业性强、名誉度高的主播，才会提高用户的购买欲望，提高产品的销量。专业的主播需要充分了解自己推荐的产品，并对用户的购买需求有足够的认识，针对不同的用户推荐不同的产品，为用户带来准确有效的购物信息与完美的购物体验；同时，因为直播主要靠主播个人的表现将直播内容传递给用户，主播的个人魅力也很关键，不同的主播有不同的直播风格，找到适合自己的直播风格，借此不断吸引新的用户，以主播的个人魅力吸引用户购买自己的产品。

3. 直播时间的选择

做好一场直播和直播时间的选择也有重要关系。一些名气高的主播更愿意把直播时间选择在直播受众比较空闲的时间，这样直播间的观看人数就会更多，一些名气稍低的主播在选择直播时间时，除了会考虑直播受众的时间，还会考虑直播间之间的竞争，因为直播受众是有限的，一个直播受众进入到 A 直播间就不能再同时进入 B 直播间了。

4. 直播内容

直播内容也是影响直播效果的重要影响因素。直播内容包含主播在直播中的表现、直播间的互动、直播产品的选择等，做好直播内容既是吸引用户进入直播间，也是为了留住用户，进而形成转化。

思考与练习

（1）视频创作有哪些阶段？

（2）视频内容创作的前期准备工作有哪些？

（3）视频内容创作的中期拍摄工作有哪些？

（4）视频内容创作的后期制作工作有哪些？

（5）脚本是什么？

（6）什么是景别？

（7）你是如何看待抖音短视频平台的？

（8）你认为做好内容直播重要的影响因素有哪些？

本章任务书

任务书 6.1	
学习领域	视频内容创作
学习目标	知识目标：了解脚本的概念 了解镜头的概念 掌握制作脚本的基本方法
	技能目标：学会制作脚本 能运用拍摄工具
	素养目标：锻炼基本的理解力 了解细节的重要性

续表

任务书 6.1		
姓名：	班级：	学时：
任务背景	对于刚接触短视频拍摄的非专业人员来说，没有系统学习和训练过分镜，直接制作分镜头脚本还是比较困难的，可以先尝试将经典影片的镜头一个一个地拆解开进行分析，即先选取一个知名的电影片段，仔细观看电影，将电影中每个镜头拆分，把镜头数据和内容全部写在表格里，记录下电影每个镜头的所有信息，记录完成后的表格就是一个比较完善的分镜头脚本。通过练习，独立制作分镜头脚本就会变得容易很多	
任务要求	请选择一段 5 分钟左右的视频，将其所有的镜头进行拆解，把脚本根据镜头推写出来	
提交形式	**Word**	
考核标准	1.　脚本推写是否完整、正确 2.　镜头分解是否完整、无遗漏	
实施过程		
成果展示		
任务反馈		

任务书 6.2		
学习领域	视频内容创作	
学习目标	知识目标：了解制作视频的基本内容 　　　　　掌握视频制作的基本流程 　　　　　掌握视频脚本的基本方法	
	技能目标：能独立制作简单视频 　　　　　能运用视频制作的基本工具	
	素养目标：锻炼基本的内容思维 　　　　　锻炼视频内容的创作力	
姓名：	班级：	学时：
任务背景	短视频是当下内容电商人经常使用的内容形式，短视频的制作并不算复杂，很多时候，一条精致的短视频可能是一个人单独完成的，单独完成需要创作者从视频的创意到拍摄，再到剪辑独立完成	
任务要求	请选择一个自己想创作的主题，将其制作成一个短视频形式的内容	

任务书 6.2	
提交形式	MP4
考核标准	1. 视频制作流程是否规范 2. 是否能突出主题、主体 3. 镜头分解是否符合标准 4. 画面是否清晰 5. 画面衔接是否合理 6. 剪辑效果如何
实施过程	
成果展示	
任务反馈	

07 Chapter

第 7 章
内容投放

【学习目标】

➤ 掌握内容投放的常见平台。

➤ 了解内容投放的类型。

➤ 掌握内容投放的原则。

在新媒体时代下，要想取得好的传播效果，扩大受众范围，除了要有差异化的独特内容之外，还需要借助高质量的渠道把优质内容传播出去。随着互联网的不断发展，新技术的不断出现，各种各样的传播渠道如雨后春笋般涌现出来，掌握分辨和经营好各个互联网内容传播渠道的方法，以及各渠道内容投放的策略显得尤为重要。因此，本章重点分析了互联网内容投放常见平台、内容投放的常见类型、内容投放的常见策略和注意事项等知识，通过系统地分析介绍，帮助相关从业者掌握正确的投放技巧。

7.1 内容投放常见平台

在新媒体电商时代下，内容投放的常见平台分为两大类：一类是自媒体的内容投放平台，另一类是电商购物类平台。自媒体的内容投放平台，又分为以社交分发为基础的自媒体平台和以算法分发为基础的自媒体平台。其中，以社交分发为基础的自媒体平台依托的是关系链机制；以算法分发为基础的自媒体平台，则利用大数据根据用户的兴趣和爱好推送相关内容。电商购物类内容平台则指由淘宝、京东等电商平台所开发的内容平台，如淘宝的微淘平台、京东的发现平台等。商家可借助此类平台生产优质、深度的垂直内容，分享生活好物，实现内容导购、品牌传播等目的，用户则可以在此类内容平台上观看内容，做出购买决策。

7.1.1 自媒体平台

自媒体的定义由美国的谢因波曼与克里斯威理斯两位学者提出，认为"自媒体是普通大众经由数字科技强化、与全球知识体系相连之后，一种开始理解普通大众如何提供与分享在他们身上发生的新闻的途径"。在我国，自媒体主要作为一种互联网术语，是指私人化、平民化、普泛化、自主化的传播者，以现代化、电子化的手段，向非特定的大多数或者特定的单个人传递规范性及非规范性信息的新媒体的总称。

在目前新媒体营销的时代下，自媒体内容平台主要分成两类，一类以社交分发为基础的自媒体内容平台，另一类是以算法分发为基础的自媒体内容平台。

1. 以社交分发为基础的自媒体内容平台

何为社交？社交是指在现代互联网上，通过有效的社交软件，建立人与人之间的弱关系或强关系连接，以人对人、点对点的模式，所构建起来的一种圈层联系和传播模式。社交分发的基础来自"社交"，其依托的正是人与人之间这种或强或弱的关系链机制。用户关注了什么决定了他们能看到什么，这种社交关系决定了内容的流向。

微信、微博、知乎等都是典型的以社交分发为基础的主流社交软件。用户既是该自媒体平台的使用者，也是内容的创作者，既可以生产内容也可以消费别人的内容；同时，用户在此类平台上的影响力限于自身和他们的朋友以及和朋友所形成的圈层之间的联系。因此，在社交软件上建立的联系是强关系还是弱关系，决定了以社交分发为基础的自媒体内容平台的影响力和传播力。

以社交分发为基础的自媒体内容平台的优点在于单个内容的影响力更容易被放大，当用户很多个朋友都在转发评论同一个内容时，用户查看这个内容的可能性更大；缺点则表现在内容的维度和质量都不可避免地被"社交"关系链影响。用户有时候会根据自己的喜好和社交关系去选择内容，平台会根据用户所强化的人设推荐内容，而非基于内容本身角度推荐内容，这样就会出现平台推送的内容不一定是用户喜爱的、需要的。

微博是最早以社交分发为基础的自媒体内容平台，博主和用户在微博上产生互动，博主生产内容，用户可以留言、点评，博主的每一条消息都有可能会对用户产生影响，这样就构成了微博的社交分发。如今，社交分发产品的种类更加丰富，典型的代表就是我们日常使用的微信朋友圈和微信公众号，借助用户自身的人际关系进行内容的传播。下面我们重点解析微信公众号和微博这两个以社交分发为基础的自媒体内容平台。

（1）微信公众号

微信公众号是开发者或商家在微信公众平台上申请的应用账号，该账号可与 QQ 账号互通，通过公众号，商家可在微信平台上实现和用户的文字、图片、语音、视频的全方位沟通、互动。

微信公众号是基于微信开发的，因此，它拥有十分庞大的流量优势。为了做好内容的分发和传播，内容创作者可以自己申请具有一定资质的公众号，也可以根据内容运营战略选择有流量基础的第三方微信公众号进行内容推广，在选择第三方微信公众号作为内容投放平台时，需要注意以下几点。

① 学会鉴别微信公众号

在刚接触微信公众号内容投放时，很多人对公众号投放不够了解，为了完成投放指标，不可避免地出现盲目或不匹配投放的情况。例如，一个微信公众号如果经常更新发文，并且阅读数也很正常，就很容易被误认为是可以投放内容的微信公众号，但实际上，这样的公众号需要仔细鉴别，例如，鉴别它的阅读数与粉丝数的比例是否正常，粉丝活跃度是否正常等。例如，在寻找微信公众号进行内容投放的时候，看到一个账号在某平台搜索预估粉丝大概有一万，阅读其文章，为非原创且明显有网络拼凑嫌疑，文章质量不高，阅读数却上千，并且评论较少，那么，这个公众号的真实情况就需要进行仔细鉴别。

要鉴别微信公众号账号的真实情况，可以从多个方面切入：查阅账号的历史消息，观察阅读数，观察账号的内容质量，是原创文章多还是随意发文凑字数，留言区的评论是否真实。

如果觉得自己筛查账号很麻烦，那么可以与第三方平台合作，利用一些第三方的数据产品，例如，号内搜、分钟级监测、历史文章采集等。

② 学会选择微信公众号的类型

微信公众号主要分为服务号和订阅号两种类型，不同的类型主体功能和内容均有差异，适合不同的需求。在选择微信号进行投放的时候，不仅要根据粉丝数量及文章阅读数量去选择，更要先弄清楚两种类型的微信公众号的特点，然后再根据自己的需求选择相应的类型。

订阅号和服务号的发文频率不同，订阅号可以做到每天发文，一次最多可以发八篇文章。而相比之下，服务号的发文频率明显要少很多，服务号每月仅可推送四次。因此，根据内容本身所需要的曝光次数和频率不同，可以选择不同类型的微信公众号进行内容投放。

例如，服务号对比订阅号的一大优势是服务号的推文会直接显示在消息列表中，所以，当受众所关注的服务号推文了，就会第一时间收到通知，如图 7-1 所示。

③ 根据账号所属行业选择微信公众号

当决定在微信公众号上进行内容投放时，应该考虑该账号所属的垂直领域是否与要投放的内容主题相匹配。

我们可以通过微信公众号的往期推送内容及活动、评论等来对该账号所属的行业做出一个基本的判断，并且可以为该账号的粉丝绘制一个初步的人群画像。例如，某微信公众号的内容主要以体育运动、健身类为主，那我们基本可以判断在该账号上推送母婴类内容不是很合适。

图 7-1　服务号推文的显示

　　例如，如果想投放一个海鲜产品的内容，符合投放要求的应该是一些以美食、烹饪类为主要内容的微信公众号。

　　以下为"新世相"微信公众号的内容投放案例。

　　2016 年 7 月 8 日，微信公众号"新世相"在其官方微信公众号上发布了《我买好了30 张机票在机场等你：4 小时后逃离北上广》一文，一经发布，立刻引起了极大的反响。截至发文当天下午 5 点，该文的阅读量达到 116 万，文章留言达到 5200 条，后台互动留言达到 8 万条，"新世相"微信公众号"涨粉"近 11 万。

　　"新世相"的《我买好了 30 张机票在机场等你：4 小时后逃离北上广》推文的内容投放之所以能取得如此好的传播效果，除了内容的高质量之外，更重要的原因是其投放的策略。首先，广告商选择"新世相"平台进行内容投放，因为推文内容本身的特点和"新世相"微信公众号的粉丝特点高度契合，针对"新世相"粉丝群体的特点量身定做，因此可以很容易获得粉丝的支持。其次，该推文在内容的投放上进行了发酵式的持续传播，通过预热、复盘、话题讨论、事件发酵等多轮投放，为内容传播助力。

　　（2）微博

　　2009 年，新浪正式上线微博平台，经过不断地发展，微博成为我国目前较大的社交媒体之一。用户可以在该平台上分享文字、图片和短视频，随着互联网技术的不断发展，微博所支持的信息发布形式也越来越广泛，现在还可以支持视频博客的发布和视频直播。微博目前活跃用户有 4.3 亿，与将近 3 万的演艺工作者、40 多万的关键意见领袖（Key Opinion Leader，KOL）、150 家认证企业和机构、2100 家内容机构和超过 500 档 IP 节目达成合作，覆盖 60 个垂直领域。

新浪微博官方数据显示，微博上 16～25 岁的人群在整个活跃用户中占比达 61%，同时对三四线及以下的用户人群也保持持续向下覆盖的趋势。视频和直播的日均发布量超过 150 万，图片日均发布量超 1.2 亿，长文日均发布量超 48 万，文字日均发布量达 1.3 亿。

微博作为社交媒体重要阵地，活跃度和用户数都遥遥领先，大部分用户使用微博是在微博上关注自己喜欢的名人，参与一些热点话题和社会问题的讨论和分享，把微博当作额外的新闻和信息来源。这些都是微博的优势，但是微博平台的缺点也十分突出，表现在随着抖音等新兴短视频平台的兴起，发展受限，新用户群体较少。

微博作为一个内容投放平台，由于其开放性和公共性，有利于提高品牌知名度，并在初始阶段获得粉丝。品牌商可以充分利用微博资源来发布活动，邀请 KOL 进行合作并进行付费内容的投放。

在微博投放内容可以选择自运营的微博号进行内容投放，也可以借助第三方较为成熟的微博号进行合作投放。如果借助第三方成熟微博号进行内容投放，最重要的原则是内容要和第三方微博号的粉丝特性相契合，才能取得最好的投放效果。如果选择自运营的微博号进行内容运营，主要分为以下五个步骤。

第一步：注册账户

要开始自运营微博号的内容运营，要做的第一件事就是注册一个官方账户。注册时，需访问微博的官方网站并输入以下信息：电子邮件（或手机号码）、密码、用户名、位置和验证码。若用户名是想突出品牌，则推荐以下两种命名方式：品牌或公司名称+位置（例如@宝马+中国=宝马中国），英文名称+中文名称（例如@BVLGARI+宝格丽=BVLGARI宝格丽）。

对于申请好的账号要进行官方验证，已验证的品牌官方账户在其个人资料图片旁边会显示蓝色符号"V"，表示该账号为官方认证账号，比较可信、安全。经过验证的官方账户还享有更多自主的设计空间。例如，可添加品牌信息、自定义设置高级页面、群发消息、活动管理平台等。

验证所需材料包括商业登记证书的扫描副本和遵循可在线下载的模板的认证信件。验证过程通常需要 5～7 个工作日，费用为 300 元。

对于海外公司，验证所需材料包括公司注册文件，其中包含经过认证的中文翻译，申请信和第三方授权书。验证过程通常需要 10～15 个工作日，费用为 1000 美元。

第二步：自定义账户

注册并验证账户后，可以自定义微博页面。可以在账户主页上添加品牌相关信息，也可以修改个人图片资料、封面图片、横幅图片和背景图片等信息。

第三步：制订可靠的内容运营策略

微博是一个开放的社交媒体平台，许多品牌企业每天都会发布与营销相关的资料，想要吸引微博用户的注意力并同时传达产品信息，需要制订可靠的内容投放策略。

品牌企业可以在微博上定期发布四种主要类型的内容：品牌或产品相关信息、软内容、互动内容和 KOL 内容。例如，小米手机作为我国目前发展比较好的自主手机品牌，其在微博平台进行内容投放的时候也包括了这四个类型，图 7-2 所示为小米手机进行互动内容和产品信息的展示；图 7-3 所示为小米手机进行软内容投放的展示。

图 7-2　互动内容和产品信息

图 7-3　软内容示例

第四步：获取初始关注者

对于希望提高微博品牌知名度的人来说，大量的关注者群体是必不可少的先决条件，因此不断增长的关注者是最初微博投放策略的主要目标。

从预先建立的连接开始，可以建议你的家人、朋友和同事关注你的微博账号并传播新闻。将与你的账号相关联的微博图标添加到公司网站的社交栏；也可以在名片上添加你的微博账号名称；还可以考虑推出一些赠品广告系列，吸引 KOL 来帮助宣传或推出付费广告，以增加账号在平台上的曝光率。

第五步：推广账号

首先，需要在微博上开展一些互动的活动来帮助账号快速取得一定的关注度，较受欢迎的互动活动包括抽奖和用户生成内容（User Generated Content，UGC）收集活动。这样的形式可以鼓励粉丝互动，帮助吸引新粉丝，增加账号曝光率，对口碑营销很有好处。

其次，由于微博上多媒体内容的普及，现在越来越多的品牌开始制作有创意的短视频广告并进行直播。创造有趣或独特的视频广告能够引起公众的共鸣，因此，品牌也可以邀请名人和"KOL"通过直播或者短视频的形式参与到推广活动当中来，以此吸引更多用户，获得更广泛的曝光。

2017年11月初，招商银行的短视频广告在微博和微信上传播开来。该广告讲述了一个在美国留学的我国留学生在父母的帮助下准备菜肴的故事，该学生父母因为时差不得不在夜里醒来拍摄视频，向孩子展示制作菜肴的主要步骤。尽管视频的目的是为了向留学生和他们的父母推广信用卡，但该宣传片在广告中充分展现家庭的温暖，许多用户观看后感动得热泪盈眶，并进行大量的评论与转发。此外，关于年轻人过度依赖父母的问题也引发了激烈的讨论。招商银行的视频广告因此得到了广泛的传播，取得了比较好的推广效果。

此外，在微博上找"KOL"营销也是一个非常有效和重要的传播推广方式。在微博上，通常将"KOL"理解为"大V"，他们在细分领域里分享专业知识，积累了大量精准粉丝，品牌通过让"大V"做微博内容营销，也可以在较短的时间内获得较好的效果。"KOL"可以参与各种促销活动，包括产品试用、促销代码分发，赞助幸运抽奖、短视频创作、参与离线活动和直播，他们的参与有助于品牌吸引更多潜在粉丝，并在社交媒体上引起轰动。

微博还提供不同类型的广告选择，包括展示广告、搜索引擎推广、粉丝头条和着陆页广告，广告商可以根据自己的特定需求和预算选择合适的广告进行推广。

2. 以算法分发为基础的自媒体内容平台

与社交分发对应的就是算法分发，虽然以算法分发为基础的自媒体内容平台出现时间较短，但是已经成为我们日常生活中获取内容的重要来源。俗话说："一千个人的心中有一千个哈姆雷特"，正是因为有了智能算法分发技术，才让我们虽然拥有同一款应用，却可以获得不同的内容。算法分发较社交分发的优势就在于，它能够让一个用户接触到更全面和更多元的信息，并且跳出自己原来所在的小范围的社交圈子，看到更多、更深刻、更有价值的资讯和信息。

算法推荐主要有五种方式：基于内容推荐，这是基于用户个人兴趣的推荐，根据用户个体的历史行为，计算用户对内容特征的偏好程度，进而推荐与用户特征偏好匹配的内容；协同推荐，这是一种基于群体的推荐，通过用户的相似度、内容的共现度，以及基于人口特征将用户聚集为不同群体来推荐；扩展推荐，基于用户兴趣点、内容类别的扩展来推荐；新热推荐，基于全局内容的时效性、热度推荐；基于地域、时间、场景的推荐等。

以算法分发为基础的自媒体内容平台常见的有以下几个。

（1）头条号

今日头条是北京字节跳动科技有限公司开发的一款基于数据挖掘的推荐引擎产品，为用户推荐信息，提供连接人与信息的服务的产品。头条号，曾命名为"今日头条媒体平台"，是今日头条旗下媒体/自媒体平台，一方面致力于帮助企业、机构、媒体和自媒体在移动端获得更多曝光和关注，在移动互联网时代持续扩大影响力，同时实现品牌传播和内容变现；另一方面也为今日头条这个用户量众多的平台输出更优质的内容，创造更好的用户体验。

但想要做好头条号的内容投放也不容易，在头条号进行内容投放的时候要关注以下几个问题。

① 文章和视频的推荐量太少

一是文章和视频要选好题材并要提高内容的质量，发布的文章话题要有热点性并能跟头条号的领域垂直度有着相关联系，有质量的热点文章，人们的阅读量很高，系统的推荐量会随着阅读量的增加而增加，反过来促进阅读量的增加。过于冷门的文章和视频是很难得到高频率推荐的，因为它们潜在的用户太少。发的内容首要目的是与别人引起共鸣，只有有了共鸣，别人才会觉得好，才会转发评论，系统才会继续推荐。二是文章和视频的标题、标签问题。好的标题一定要有刺激用户点开的欲望，要和内容紧紧相连。标题要能多抓取一些热门的关键词和大家常常会看到、听到的关键词。标题语句要通顺，避免都是关键词堆砌。标签对于视频的推荐也很重要，在填入标签的时候，尽量抓取与视频有关的关键词，还要靠近视频所属的领域。例如，发的是搞笑视频，设置标签时就要选择搞笑，而不能是其他标签。

② 如何快速增加粉丝量

在头条号的初期，一定会遇到粉丝量不足的问题，想要增加粉丝量，可以采用以下几种方式。

● 爆文和超火爆视频

内容好，大家都有兴趣看，阅读量、播放量会上去，加上领域有垂直度，好内容被关注的概率会更高。

● 悟空问答

悟空问答是一个很好的选择，创作者只要在回答时够详细、专业，加上相关的配图就能获得不少的曝光量，回答的内容就有机会被系统推荐到首页，也是涨粉的一个措施。

● 微头条

微头条与朋友圈类似，其范围要比朋友的范围大很多。朋友圈仅限于自己好友，微头条面向所有人，内容投放者可以增加微头条的内容，增加被推荐、被关注的机会。

● 领域垂直

领域垂直也就是垂直度，如体育、情感、诗词、育儿、旅游等，坚持在垂直领域写，深耕垂直领域的内容，吸引精准的粉丝。

（2）大鱼号

大鱼号是阿里大文娱旗下的内容创作平台，为内容生产者提供"一点接入，多点分发，多重收益"的整合服务。大鱼号作为阿里文娱旗下的内容创作平台，为内容创作者提供畅享阿里文娱生态的多点分发渠道，包括 UC、土豆、优酷等多端平台，同时也在创作收益、原创保护和内容服务等方面为创作者给予充分的支持。

大鱼号是基于创作者创作行为的大数据整合平台，平台鼓励原创、扶植优质内容，星级号是创作者阶段性客观运营状况的综合评估机制，也是衡量创作内容对用户产出内容价值的评估结果反馈。星级评定结果分为五档，一星最低，五星最高，处于试运营阶段的创作者不参与星级评定，也就是说，大鱼星级的等级代表了内容投放者所投放的内容取得了什么样的传播效果。因此，想要做好大鱼号的内容投放，最重要的是了解并且不断提升大鱼星级。

大鱼平台主要从"内容原创度、内容质量度、用户关注度、创作活跃度、内容垂直度"五个方面对内容进行评估，通过短期（最近 14 天）及中长期（最近 120 天）两个时间区间分各项运营指标进行评分；评分总分满分为 500 分（原创分 100+质量分 100+用户分 150+活跃分 100+垂直分 50=500）；评分每天更新，每周计算平均分，根据周平均分排名情况评定出用户的星级结果。星级评定结果于每周四更新。

平台对不同星级的创作者在流量变现、收益分配上提供差异化的服务，星级越高的创作者，享受的收益扶持力度越大。例如，在广告分成、流量分成等方面，平台针对高星级创作者的收益翻倍。与权益服务不同的是，收益分配的差异服务将随着星级评定结果而调整。

（3）腾讯企鹅自媒体平台（企鹅号）

企鹅号是腾讯旗下的一站式内容创作运营平台，致力于帮助媒体、自媒体、企业、机构获得更多曝光与关注，持续扩大品牌影响力和商业变现能力，扶植优质内容创作者做大做强，建立合理、健康、安全的内容生态体系。

企鹅号的定位和其他自媒体平台不一样，发布的文章可在天天快报、腾讯新闻客户端、微信新闻插件、手机 QQ 新闻插件、QQ 公众号、手机腾讯网等渠道平台分发，原创的好文章曝光率很高，是优质内容创业者的曝光"神器"。

为了让企鹅号内容投放者更客观地了解自身表现和作品效果，同时获得更公平、稳定的推荐和回报，企鹅号推出了企鹅号指数。

企鹅号通过对创作内容和用户阅读行为的评估，得出账号的价值评分，分数越高代表账号质量越高，越受用户欢迎。企鹅号指数包含用户喜爱度、内容原创度、账号活跃度、账号垂直度、账号健康度五个维度。企鹅号指数总分为 1000 分，由这 5 个维度的账号得分加权计算得出。五个维度的指标，汇集了企鹅号内容投放者在企鹅媒体平台、天天快报、腾讯新闻、腾讯视频等平台的表现。计分主要采用同行比较、正态分布的算法，得分越高说明在同一内容领域的表现越优异。内容投放者可以根据自己账号的特点，发扬和保持较高维度的分数，集中补齐较低维度的分数，从而全面提高企鹅号指数，以获得更多的流量收益。

提升企鹅号指数的方法如下。

① 用户喜爱度

用户喜爱度是指文章内容的受欢迎程度，文章阅读量越高、传播范围越广、用户停留时间越长，喜爱度分值就越高。

提高账号的用户喜爱度的方法如下。

- 标题客观准确，信息量充足，不做标题党。
- 发文规范，无错别字；多使用图片、视频，提升用户阅读体验。
- 文章内容言之有物，篇幅适中，能引导用户完成阅读并分享传播。

② 内容原创度

内容原创度是指文章内容的原创程度，每天发表原创文章数量越多，原创度分值也就越高。

提高内容原创度的方法如下。

- 内容原创，杜绝抄袭，减少拼凑再加工行为。
- 企鹅号首发。如果内容先在其他平台发表，机器虽然能判断出一稿多投的情况，但极少数的偏差可能会降低原创度得分。

- 积极申请原创标签，并为原创文章打上标签。有利于保障自己的原创权益，避免因其他企鹅号优先转载你的文章而造成原创度认定偏差的问题。
- 提高原创文章比例。原创度不仅认定单篇文章的原创程度，也会考量账号在一定周期内发表原创文章的占比。

③ 账号活跃度

账号活跃度主要考察创作者更新内容的勤奋度，即账号更新频率，同时也考察创作者对平台的使用黏性，对平台提供的数据查询工具有没有充分利用，对用户评论有没有及时反馈。

提高账号活跃度的方法如下。

- 保持稳定的更新频率，每日更新文章 3～5 篇，会获得一个较高的活跃度指数。如果是原创文章，活跃度会有额外加分。
- 不同发文方式，会影响活跃度指数计算，一篇文章的活跃度认定：手动更新>微信同步>简易信息聚合（Real Simple Syndication，RSS）接入，平台鼓励创作者多采用手动发文。
- 关注用户的跟帖评论，积极与用户互动交流，能对评论做出有效回复。

④ 账号垂直度

账号垂直度主要考察账号在所属专业领域内发表内容的专注程度，文章变异越少，账号垂直度越高。

提高账号垂直度的方法如下。

- 原则上平台不限制创作者的发文内容，创作者可在多个领域发表文章，但系统会根据账号的入驻分类及用户的阅读行为数据（阅读量、分享量、评论量等），判断出创作者的擅长领域（目前为一个）。创作者发表擅长领域之外的内容，账号垂直度指数会降低。
- 对于交叉领域的话题，创作者发文时用户的反馈可能和创作者的初衷有差异，导致一些文章的垂直度分数出乎意料的低。

⑤ 账号健康度

账号健康度是对账号违规情况的考评，违规越多，健康度越低。

提高账号健康度的方法如下。

- 遵守平台规范，不发布平台禁止的内容，具体内容可参照企鹅号发文规范。
- 不发布旧闻，不抄袭，任何文章因违规被删除或禁止推荐都会导致账号健康度降低。

（4）抖音

抖音是一款短视频音乐创意社交软件，该软件于 2016 年 9 月上线，是一个专注于年轻人音乐短视频的社区平台。用户可以通过这款软件选择歌曲，拍摄音乐短视频，形成自己的作品。抖音借助互联网短视频时代的东风，自建立开始就得到了极其迅速的发展，特别是在 2018 年春节期间，抖音的日活跃量完成了从 4000 万到 7000 万的飞跃。

抖音作为一个新兴内容平台，其所具有的优缺点是十分明显的。优点是抖音现在处于内容红利期，拥有大量的流量，只要内容新颖很容易收获曝光和粉丝；缺点是由于抖音目前处于起步阶段，想要进行精准的内容投放并且取得不错的效果，需要制订详细而精准的策略。

在抖音平台进行内容投放的类型主要有开屏广告、信息流广告、抖音贴纸、抖音商业音乐入库等方式。

① 开屏广告

开机第一入口，视觉冲击强，无干扰，强势锁定新生代消费主力；每日每个用户可看到的开屏广告的次数不限。新注册的抖音用户，7 日内不出开屏广告。

② 信息流广告

品牌可在抖音平台发送一分钟推广短视频，在抖音推荐流中以原生广告样式进行传播展示。无缝融入抖音推荐流中，帮助品牌在抖音实现营销推广的目的。

③ 抖音贴纸

品牌定制的抖音贴纸，用户在拍摄时，可在贴纸栏下载使用贴纸类型：2D 脸部挂件贴纸、2D 前景贴纸。

④ 抖音商业音乐入库

品牌可将自有版权商业音乐录入抖音音乐库，用户可在音乐库中搜索该音乐，并在抖音平台利用该音乐制作视频。

下面列举两则抖音内容投放案例。

案例一：

在世界杯期间，哈尔滨啤酒以高价值的广告曝光资源（如短片视频）以及强大的互动参与极大地提高了曝光量。信息流广告页面浏览量累计超过 25 万，内马尔开屏广告单页点阅率（Page View，PV）达至 5600 万，点击量超过 295 万。

"抖出庆祝新姿势"这个主题挑战在国家体育场掀起了一场大型的啤酒狂欢节，成功吸引了 270000 名用户，有 35000 人参与了视频。

根据"抖音+足球+哈尔滨啤酒"为主题比赛定制组合贴纸道具的用户数超过 69000，品牌影响力成功扩大。

案例二：

为了推动新宝马 X3 的推出，宝马在 6 月份进入了抖音品牌主页，并正式开启了短片视频营销的新篇章。

接下来的一个月，宝马的短视频再次强势曝光了 1 亿 3500 万次以上，曝光率为 254.54%，获得了 535007 个好评。抖音有效地帮助宝马汇集了年轻、创新和自信的城市主流人群。

抖音的品牌主页作为一个活跃的粉丝管理窗口，品牌方不仅可以积累短视频内容，还能够与用户建立有效的互动，为口碑聚集动力。

7.1.2　电商购物平台

随着移动电商、移动支付发展的日益规模化、成熟化，利用网络购物的人群不断增加，购物平台也不仅仅只有购物功能，对于网络营销人员来说，具有巨大流量的网络购物平台也成为内容投放可以选择的平台之一。尤其是对于一些服装类和日用品类的商品和品牌来说，购物平台的受众和品牌的目标受众有着巨大的重合度，因此在进行内容投放的时候，选择购物平台作为投放平台有着很大的优势。

目前比较好的可以作为内容投放渠道的购物平台主要有：淘宝、京东、拼多多等综合类电商平台，网易考拉、小红书等跨境电商平台，妈妈网、育儿网等母婴电商平台，每日优鲜、盒马鲜生等电商平台，健客网、康爱多等医药电商平台，唯品会等特卖电商平台。我们在进行内容投放的时候，要根据产品和品牌的特点，选择合适的电商购物平台进行投放。

淘宝的微淘平台以导购类内容为主，也称为阿里创作平台，是手机淘宝的重要流量入口，阿里创作平台界面如图 7-4 所示。

图 7-4　阿里创作平台界面

微淘既是内容营销的工具，也是粉丝聚集地。对阿里商家来说，内容运营的主要阵地也在微淘。在阿里创作平台上，主要有两种内容投放模式，一种是自有淘宝店铺的微淘内容投放，主要有上新预告、产品知识推送、粉丝互动（话题、游戏、任务、情感、买家秀），可以根据运营策略制订相关的内容和模式。另一种是跟淘宝达人账号或内容孵化机构（Multi-Channel Network，MCN）合作进行内容投放，这些账号具有更多的公域渠道资源，对于商家来讲，如需要跟这些账号合作，可以登录阿里 V 任务后台，能看到很多达人或 MCN 放单，商家可直接采购适合自己投放目的的投放资源。对于初涉内容投放的商家，需要先做投放试水，摸索出合适的达人或内容渠道，再系统投放。熟悉了这种投放模式之后，就可以寻找高性价比的投放资源，并丰富投放资源。

商家还可以选择与 MCN 机构长期合作，MCN 机构除了机构自身拥有达人账号外，很多前期自己做内容的达人也会与 MCN 签约，达人与机构形成一种互利共生的关系。商家选择跟 MCN 机构合作，可以节省更多的时间、精力，选择的机构合适度高了，投放效果自然就好。例如，服装品牌就不适合选择美妆类目的达人和机构，同时也要选择有实力的机构，判断机构的实力，可以根据机构签约达人数量、质量等维度进行评估。一般有实力的机构、达人可获得更多平台的流量支持，也更容易产出爆款文章。

7.2 内容投放的类型

在内容的投放上，主要涉及两类渠道，一类是自运营平台的内容投放，此类投放主要依据前期的内容规划进行渠道的运营；另一类是选择与第三方平台进行合作，即借助他人平台进行内容投放。

7.2.1 自运营平台内容投放

自运营平台的内容投放主要是日常的内容运营工作，在渠道管理方面主要考虑内容规划、平台规则、频次和数量。

1. 内容规划

前面章节详细介绍过内容定位和规划，内容运营者在进行内容推送的时候，依据前期的内容规划进行投放即可。值得注意的是，内容规划并不是一成不变的，需要根据运营的具体情况进行调整。在涉及内容投放的渠道运营时，要根据平台的具体情况适当进行调整和优化。

2. 平台规则

不论选择什么平台，在进行内容投放的时候一定要遵守相应的平台规则，否则将会受到平台相应的惩罚，轻则使该篇文章被平台删除，重则会使自运营的账号被封禁。每个平台都对内容和运营规则有详细说明，这里以微信公众号为例。

微信公众号的内容规范：本条所述平台内容是指用户使用本服务过程中所制作、复制、发布、传播的任何内容，包括但不限于微信公众账号头像、名称、用户说明等注册信息及认证资料，以及其他使用微信公众账号或微信公众平台服务所产生的内容。

用户不得利用微信公众账号或微信公众平台服务，制作、复制、发布及传播法律、法规和政策禁止的内容。

微信公众平台一直致力于为用户提供文明健康、规范有序的网络环境，用户不得利用微信公众账号或微信公众平台服务，制作和传播干扰微信公众平台正常运营，以及侵犯其他用户或第三方合法权益的内容。

3. 频次和数量

用户每天的时间和精力都是有限的，因此创作者在进行内容投放时，不应该一天推送无数条内容，而是应该把握好内容投放的频次和数量，使有限的内容取得最好的传播效果。

以微信公众号为例，订阅号一天只能发一次推送，最多是八篇文章，因此创作者要选择最合适的时间进行推送，并且保证推送的文章数量不会过多。例如，大部分公众号会选择6:00—9:00（即上班前）或者 20:00—22:00（即下班后）这两个受众注意力较多集中在休闲娱乐的时间段进行推送。当然，也会有公众号采取半夜推送的方式作为吸引受众的一种方式。只要把握好频次和数量，能够被受众接受即可。

7.2.2 第三方平台内容投放

当本身没有比较好的自运营平台进行内容投放的时候，或者觉得自运营平台的受众数量不够多的时候，可以选择第三方平台进行内容投放，在选择第三方平台的时候，要注意以下几点。

1. 粉丝数量和精准度

选取第三方平台进行内容投放的原因一般是看中第三方平台巨大的粉丝量，能够通过内容投放为产品或者品牌带来知名度的提升，因此，粉丝数量就成为选择第三方平台很重要的一个考虑因素。但是在这里要学会进行一定的筛选，学会判断粉丝的真假以及活跃度；学会利用基本的粉丝人群画像去分析第三方平台的粉丝特点，来判断其粉丝的特点是否和投放的内容和产品相匹配。

2. 内容与平台的匹配度

可以根据第三方平台的历史消息、活动、评论等来分析该平台的主要方向和态度，判断要投放的内容是否和该平台相匹配。例如，要进行一个食品的内容投放，就应该去选择像"日食记"这样专业做美食的第三方平台进行投放。

7.3　内容投放注意事项

不管是自运营平台的内容投放，还是借助第三方平台的内容投放，都需要关注内容和渠道的匹配度、投放时间、投放质量等问题。

7.3.1　内容适配媒介

当谈论到内容投放时，通常在脑海里的逻辑顺序都是先将内容做出来之后，再去寻找合适的媒介进行投放和传播，但是在这个逻辑顺序中存在一个误区，就是在这个逻辑中，我们默认在内容投放过程中，内容是核心和关键，而投放的渠道和媒介只是起到传播的辅助作用。这其实是一种误解，因为内容和媒介没有核心和辅助之分，内容和媒介其实是互相适应的，媒介本身也是内容的一部分，而内容也必须因为一些媒介的特性而做出相应的调整。只有二者相互协调，内容投放才能取得更好的效果。

1. 内容形式适配媒介载体

随着智能手机的不断发展，以及 4G 甚至 5G 网络的出现，在网络速度越来越快的今天，以往适用于 PC 端的横屏图片和视频的形式就不再适用于移动端。因此，内容的形式就必须根据媒介载体的改变做出相应的调整，于是出现了越来越多的竖版视频，各种 App 的开屏短视频也采用了竖版的形式。

同时，竖版的内容形式也出现在了电梯媒体、户外媒体等媒介之中，由此可见，内容的形式也是可以改变的，创作者必须要根据媒介载体的不同不断调整内容的形式。例如，创作者需要进行一个视频内容的投放，当选择在电视等传统媒介上进行投放时，由于其时间短、价格高，因此，必须对视频内容进行相应的调整，使视频更加短小、精准，更能够在短时间内给受众留下印象；同样的视频选择在网络媒介上进行投放，可能需要完整的长视频，例如，以故事的形式表达更能获取网络受众的关注度；而在短视频等社交媒体上播放的视频内容的风格则需要偏轻快一些，尽量可以形成"病毒视频"的效果，并且视频内的文字及语言也可以使用网络用语，以用来拉近和年轻人的距离。

2. 媒介逐渐内容化

除了内容贴合媒介、适配媒介外，媒介本身也可以变成内容的一部分，尤其是对于线下媒介而言。线下媒介相较线上媒介，一个重要的优势在于因为真实存在而有了空间感，所以能实现场景化营销，把媒介本身变成内容的一部分，可以给受众带来更具融入感和沉浸感的体验，同时，也能将受众被动接受内容变为主动体验内容。

例如，网易云音乐在杭州地铁上投放的内容就把整个地铁包装成网易云音乐的歌曲评论区，让受众在进入地铁这个空间时，能充分感受到网易云音乐的歌曲评论的氛围，让受众在乘坐地铁的过程中变成了一个欣赏网易云音乐歌曲评论和内容的一个过程，如图 7-5 所示。

图 7-5　网易云音乐在杭州地铁的内容投放

7.3.2　选择合适的投放时间

要取得一个好的内容传播的效果，往往是很多因素共同助力的结果。其中，很容易被人忽视的一点就是时间，用户一天需要做的事情很多，用户的注意力也有限，不可能时时刻刻地接收内容。因此，创作者要根据用户的不同、发布的内容以及平台不同选择最合适的内容发布时间，以期望达到最好的内容传播效果。

图 7-6 所示为一个典型用户的一天，可以看到，在不同的时间点，用户做的事情不同，所使用的媒介也不同，创作者必须在不同的时间发布不同的内容。例如，在用户起床到上班之前，创作者可以发布一些朋友圈广告和微信公众号的内容，因为在这个时间段，用户主要使用微信来获取信息。而在早上 9:00—12:00 这个时间段，用户的注意力主要集中在工作当中，很明显这个时间段不适合我们发布内容，因为可以获取的用户关注度很低。同样，下午工作时间段也不适合，到了晚上用户有空闲时间时，又可以进行信息内容的发布。

07:00	08:30	10:00	12:45	18:00	22:00
起床	到公司楼下	忙里偷闲	准备午休	下班回家	准备睡觉
刷刷朋友圈	微信支付购买早餐	刷刷朋友圈、收发微信消息	逛下京东、在好友群里聊聊天	微信支付购买晚饭所需食物	和朋友聊聊天、再抢个红包

路上读两篇文章、玩两盘游戏	处理群消息	拆红包付饭钱		刷刷朋友圈	读文章、刷朋友圈、点赞、聊天、玩游戏、逛京东
出门	开始工作	吃午饭		准备下班	看电视
07:45	09:00	12:00		17:00	20:00

图 7-6 典型用户的一天

7.3.3 多平台投放

任何一种媒介的用户都不可能和产品或者品牌的目标受众绝对贴合，因此，在有能力、有预算的条件下，要选择尽可能多的平台进行内容的投放。例如，一款日用品的广告内容，如果只选择在购物平台上进行投放，那社交媒介平台上的大部分用户就没有办法获取。因此，在进行内容投放时，选择的平台尽可能多而全，这样做的目的是，使内容投放范围能覆盖最大的有效人群，即企业产品的目标消费群。

7.3.4 质量为先，宁缺毋滥

虽然在条件允许的情况下，需要在尽可能多的平台进行内容投放，但是需要注意多平台投放不代表乱投和滥投。例如，创作者现在要进行一个女士服装品牌的内容投放，选择在购物平台进行内容投放的时候，并辅助以社交网络媒介平台进行相应的产品介绍和宣传，有助于帮助品牌迅速获取流量和关注度，但是如果同样的内容出现在"虎扑"等以男性用户为主的媒介平台上时，就显得不是那么贴切了。因此，在进行内容投放的时候，一定要选择和内容本身相适配的平台进行投放，当平台和内容的适配度不高时，要坚持宁缺毋滥的投放原则。

思考与练习

（1）你注册过哪些平台？你对这些平台的印象如何？

（2）为什么要考虑内容和平台的匹配度？

（3）内容投放需要注意哪些问题？

（4）你的朋友小丽对动漫非常感兴趣，在淘宝网上开了一个卖动漫相关产品的店铺，效果还不错。同时，她想在自媒体平台上创作动漫类图文内容，一方面想分享自己对动漫的观点和见解，另一方面为自己店铺引流，但是她不知道具体怎么做，也不知道选择哪个平台合适，请你给她一些建议。

本章
任务书

任务书 7.1		
学习领域	内容投放的平台	
学习目标	知识目标：掌握常用内容平台的特点	
	技能目标：能选择适合的内容平台	
	素养目标：能对平台选择造成的后果负责	
姓名：	班级：	学时：
任务背景	随着信息技术和网络的大范围覆盖，出现了越来越多的新媒体内容平台和电商平台，方便内容创作者进行平台选择，也拓宽了电商运营者的运营思路	
任务要求	在内容投放的众多平台中，请选择 3～5 个你熟悉的内容平台，尝试分析每个平台的特点，并且给出在该平台进行内容创作和投放的建议	
提交形式	PPT	
考核标准	1. PPT 制作规范 2. 思路清晰，逻辑合理 3. 内容正确、完整、合理 4. 有自己的见解	
实施过程		
成果展示		
任务反馈		

08 Chapter

第8章
数据分析下的内容评价

【学习目标】

➢ 掌握内容评价的作用。

➢ 掌握数据的来源与采集要点。

➢ 掌握不同内容的数据分析要点。

➢ 掌握内容评价的步骤。

➢ 了解内容评价的常见误区。

"不做数据分析的运营不是好运营",这句话对传统电商的流量运营很适用,在以数据为支撑的新媒体时代更能体现它的准确性。虽然不同的运营从业者的运营风格和思路会千差万别,但要想发挥内容运营的最大价值,就必须学会用数据分析进行内容评价,以数据为导向对运营工作进行调整和优化。

8.1 内容评价的概念和作用

内容评价就是针对运营的状态和效果进行数据分析，根据数据分析的结果对内容及运营方案进行调整和优化的过程。总的来说，内容评价有 3 方面的作用。

8.1.1 比较多平台投放、多种内容的推送效果

将相同的内容投放在不同渠道，可以通过数据分析出各个平台的推荐量和阅读量，以此综合判断平台的适用性和目标群体的精准度；将不同的内容投放于相同的渠道，可以了解目标用户的内容偏好，以便更集中地输出和优化内容，提高用户黏性。总的来说，运营者就是通过数据分析、比较内容的推送效果，对多个渠道的效果或多个内容的效果做基本诊断，为下一阶段的内容规划提供依据。

8.1.2 找到问题所在，及时调整优化内容

通过数据对比，可以发现相关问题所在。例如，标题没起好、图片没吸引力、内容不够优质、目标群体在此平台不够活跃等。一旦在运营的过程中发现问题，最重要的是及时根据数据所反映的问题进行内容的调整，避免因内容的"不够优质"而使粉丝数量减少。

图 8-1 所示为某天猫店铺微淘粉丝数据示例，可以看出，该店铺的粉丝年龄主要集中在 30～34 岁，访客、成交客户的年龄集中在 35～49 岁，而从现有读者数据角度来看，年龄层在 18～29 岁更为集中。由此可以得出该店铺的微淘内容并没有匹配核心用户的阅读偏好，可以据此调整微淘的内容选题方向，从导购与转化的角度来看，应重点维护 35～49 岁的粉丝，输出此类粉丝感兴趣的内容；内容角度以结合店铺产品为主，引导粉丝转化等。

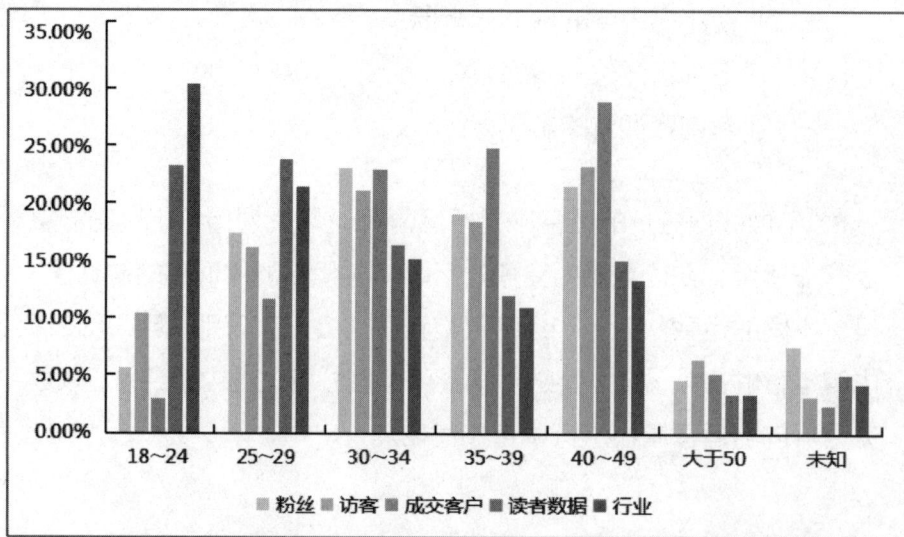

图 8-1 某天猫店铺微淘粉丝数据示例

　　除了根据单项数据指标进行内容的问题分析之外，数据分析对店铺内容运营的整体诊断也很重要。例如，我们通过对微淘内容的相关数据进行分析，发现微淘内容的整体运营情况如图 8-2 所示。

图 8-2　某店铺微淘数据示例

　　在内容运营进行一段时间之后，我们有必要对该阶段运营的数据进行分析与比对，查看与运营初期的规划相比是否有偏差，是否有需要调整和优化的地方。总的来说，就是通过数据分析发现问题、解决问题，这也是内容评价的最核心的意义。

8.1.3　反映内容推广效果，提供决策参考

　　数据在一定程度上能客观反映当前内容营销的效果和状态。内容运营虽然不能只看实时的数据情况来评判效果的优劣，但是数据作为客观素材，也能在一定程度上反映内容运营的效果，当数据反映的效果与预期效果有偏差时，数据分析的结果也就是内容评价，可作为运营者决策的一个参考依据，为内容的战略决策提供最佳的路径支持。图 8-3 所示为某店铺的访客数和下单买家数时间分布示例，我们通过分析可知下单买家数集中在 22:00—00:59 和 10:00—10:59 这两个时间段，因此可将该店铺的导购内容推送调整到这两个时间段；而访客数则集中在 20:00—22:59，对于兴趣类的推荐文内容，运营者则可以调整至该时间段内。由此可见，数据为内容的运营决策调整提供了极大的帮助。

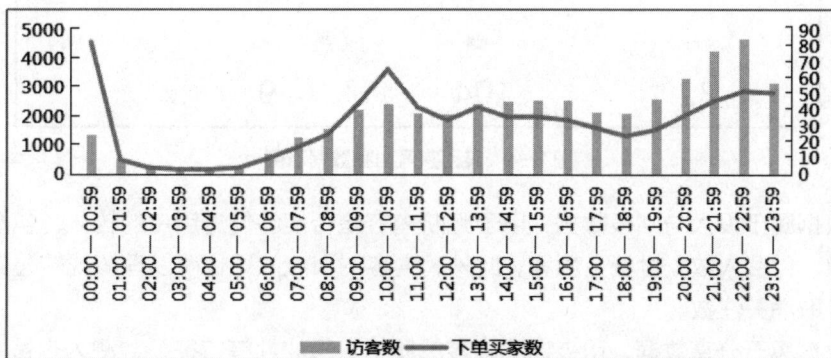

图 8-3　某店铺访客数和下单买家数时间分布示例

8.2 数据的类别和来源渠道

8.2.1 数据的类型

内容运营者需要关注哪些数据？为什么要关注这些数据？这些数据能折射什么样的问题？内容运营者要根据数据反映出来的问题采取相应的内容运营措施。

根据数据本身的特征和作用，数据可以分为展示数据、转化数据、传播数据、渠道数据。

展示数据属于基础数据，内容运营者可以通过直观的效果展示，反映内容被点击、查阅的情况，包括推荐量、阅读量、评论量、分享量等。展示数据又分为整体数据和单篇数据，图 8-4 所示为某百家号内容数据示例。

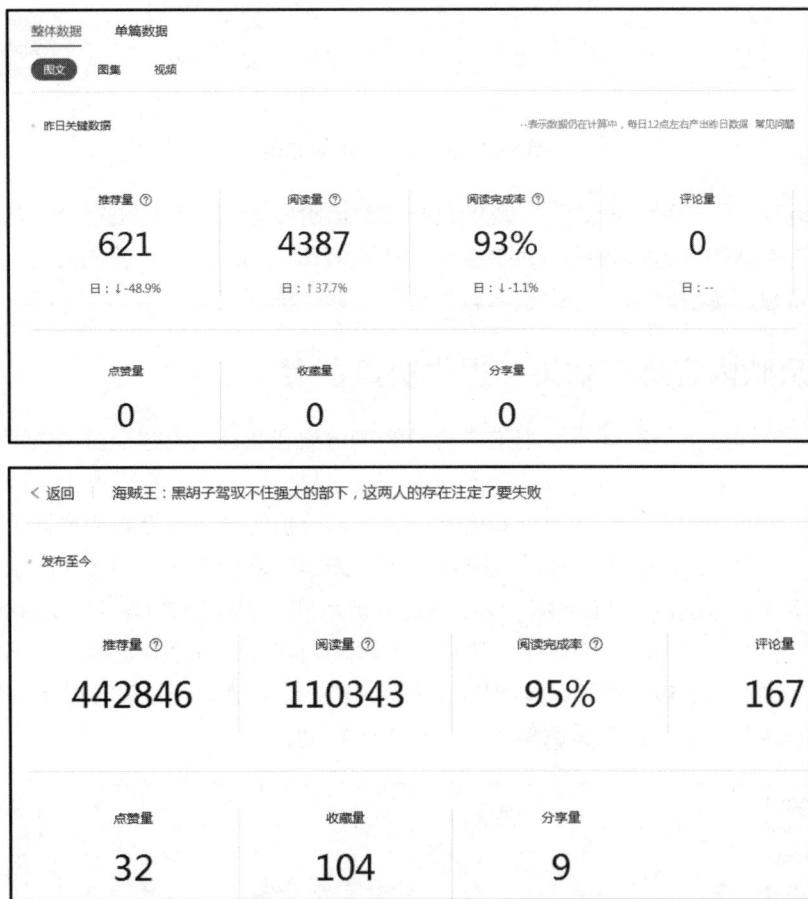

图 8-4 某百家号内容数据示例

转化数据属于投入与回报数据，用于判断内容是否能够促进用户的转化，包括页面广告的点击次数、付费人数、付费金额等。此外，内容的引流效果也可以理解成转化数据，如新增粉丝数、取消关注数。

传播数据属于分享数据，用来标明内容的质量、趣味性等特征，监测内容被主动转发、传播的情况，主要有转发次数、评论次数、留言次数、点赞数等。

　　渠道数据属于路径数据，用来衡量渠道的内容投放质量和效果，它是由产品的特性和受众人群的定位所决定的。当在多个平台投放内容的时候，运营者可以通过多平台的数据分析，帮助自己分析目标客户集中地和内容偏好。在进行渠道数据分析的时候，一般分析某个内容账号的综合效果，以百家号为例，可以分析其整体数据、粉丝的基础数据和粉丝画像。我们可以通过粉丝的基础数据了解某个时间节点的粉丝总人数、新增人数、取消关注人数、净增粉丝人数等；通过粉丝画像了解粉丝的基本属性，如性别、年龄、区域、职业、受教育程度等信息；还可以了解粉丝的活跃度、活跃时间分布、兴趣分类等信息，如图 8-5 所示。

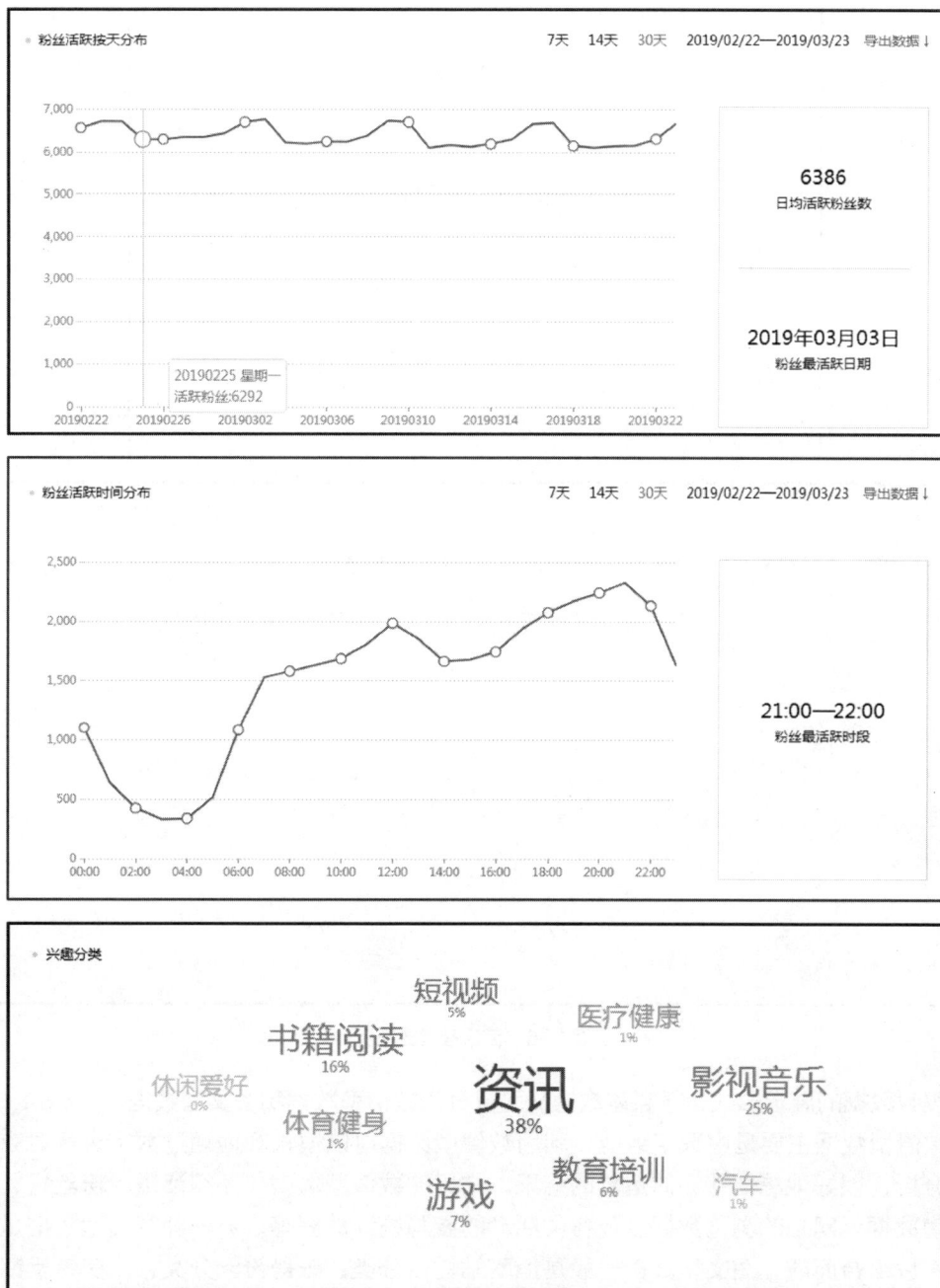

图 8-5　百家号数据示例

　　以自媒体平台百家号为例，对百家号的渠道数据分析最主要的是百家号指数分析，平台对百家号指数的定位为："为了让百家号作者更方便地了解自己所运营账号的表现和创作内容的投放效果，同时获得更多的推荐和权益，我们推出了百家号指数"。

　　百家号指数是通过对作者的内容质量、领域专注、活跃表现、原创能力、用户喜爱这五个维度的计算而得出的客观评分结果。分数越高，代表账号的质量越好，就越能获得更多的权益，如图 8-6 所示。

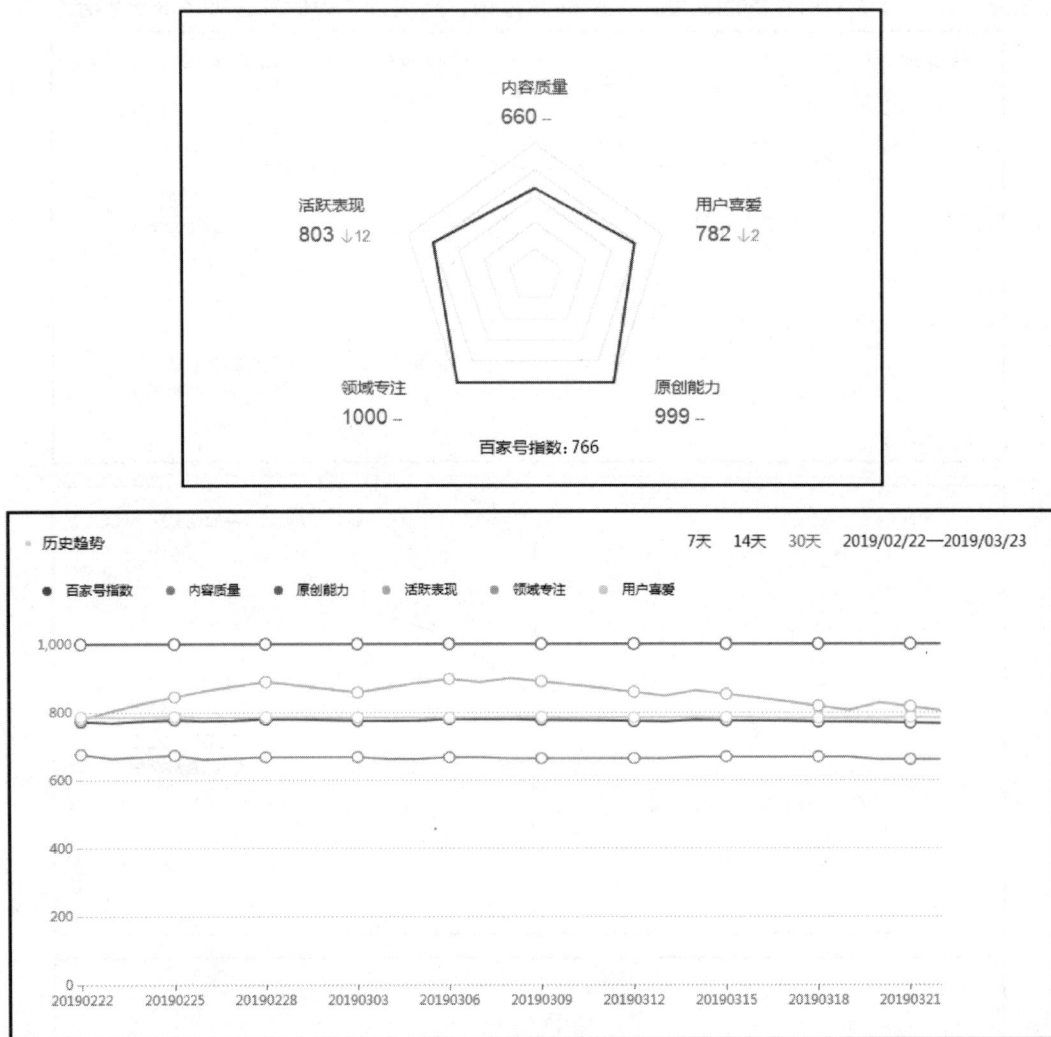

图 8-6　百家号指数示例

　　按照数据的展示形式，新媒体数据又可以分为数值型数据和图文型数据。

　　数值型数据主要是由数字组成，利用数值型数据可以很直观地通过数字进行对应的统计和分析，很好地总结并评估运营的结果。常见的数值型数据包括阅读量、粉丝量、网店的销售数据、网站的浏览数据以及各种活动的参与统计数据等。另一种图文型数据是由数字和图片组合而成。图文型数据一般是指网站栏目分类、账号粉丝分类、消费者反馈以及各种平台矩阵分布等。对于图文型数据来说，了解它的目的并非是制定考核指标的量化标准，而是这类数据可以帮助运营者找到正确的运营方向。因此，图文型数据也是非常重要的数据类别之一。

当我们要了解某篇内容的综合效果和效果分析时，可以查看其展示数据、转化数据和传播数据；当要对选择的内容渠道进行分析对比时，可以进行多个内容渠道的数据对比分析；当要了解目标客户的特征时，可以查看目标客户的数值型数据。各数据的分类如表 8-1 所示。

表 8-1　数据分类表

数据分类	所属类型	作用	数据举例
展示数据	基础数据 数值型数据	直观的效果展示，用来反映内容被点击、查阅的情况	覆盖人群、推荐量、阅读量、页面停留时长、阅读次数
转化数据	回报数据 数值型数据	用于判断内容是否能够促进用户的转化	页面广告的点击次数、付费人数、付费金额；新增粉丝数、取消关注人数
传播数据	分享数据 数值型数据	用来标明内容的质量、趣味性等特征，监测内容被主动转发、传播的情况	转发次数、评论次数、留言次数、点赞数
渠道数据	路径数据 数值型数据	用来衡量渠道投放质量和效果，帮助运营者分析目标用户集中地和内容偏好	各个渠道的内容相关数据

总之，不管数据如何分类，对数据的分析不能停留在数据本身，而是要透过数据观察问题，解决问题，最终实现用数据说话、用数据优化和调整内容，让内容运营更加客观、科学、准确。

8.2.2　数据的来源渠道

数据分析的过程中，数据的采集和挖掘是第一步，有了相关准确的数据，才能在数据的基础上做分析的后续支持。通常情况下，数据的主要来源有三种，即运营平台数据工具统计、人工手动统计、第三方平台统计。

1．运营平台数据工具统计

各大新媒体及购物平台均有相关数据的统计和分析功能，如微信公众平台的后台统计功能，就包含了用户分析、图文分析、菜单分析、消息分析、接口分析、网页分析。基本上内容账号数据统计的工具能满足日常运营所需要的基本数据分析。

2．人工手动统计

数据是对运营效果和运营状态的最直观和最客观的展示，内容运营者平时就要养成手动记录数据的习惯，对于无法直接采集到的数据，需要手动收集；对于不够完整和准确的数据，需要手动补充和修改；跟市场和用户接触的过程中，也会发现一些数据信息，要做及时的记录和统计。

3．第三方平台统计

（1）微信指数

微信指数是微信官方于 2017 年 3 月上线的基于微信大数据分析的移动端指数，为微信移动端的应用小程序。微信指数得力于微信庞大的用户群体和信息收录，为广大的内容创作者提供了相关领域的热度分析。微信指数显示的热度情况来源于对微信搜索、公众号文章以及朋友圈公开转发文章形成的综合分析。目前，微信指数只支持 7 日、30 日、90 日内的三个阶段的数据。微信指数具体的使用情况如下。

打开微信，在顶部搜索框内输入"微信指数"四个关键字，再点击"微信指数"进入主页面，然后再点击"微信指数"里面的搜索框，输入自己想要的关键词，得出相关数据。或者在微信用户端最上方的搜索窗口，搜索"××微信指数"或"微信指数××"，点击下方"搜一搜"选项，也可获得某一词语的指数变化情况，如图 8-7 所示。

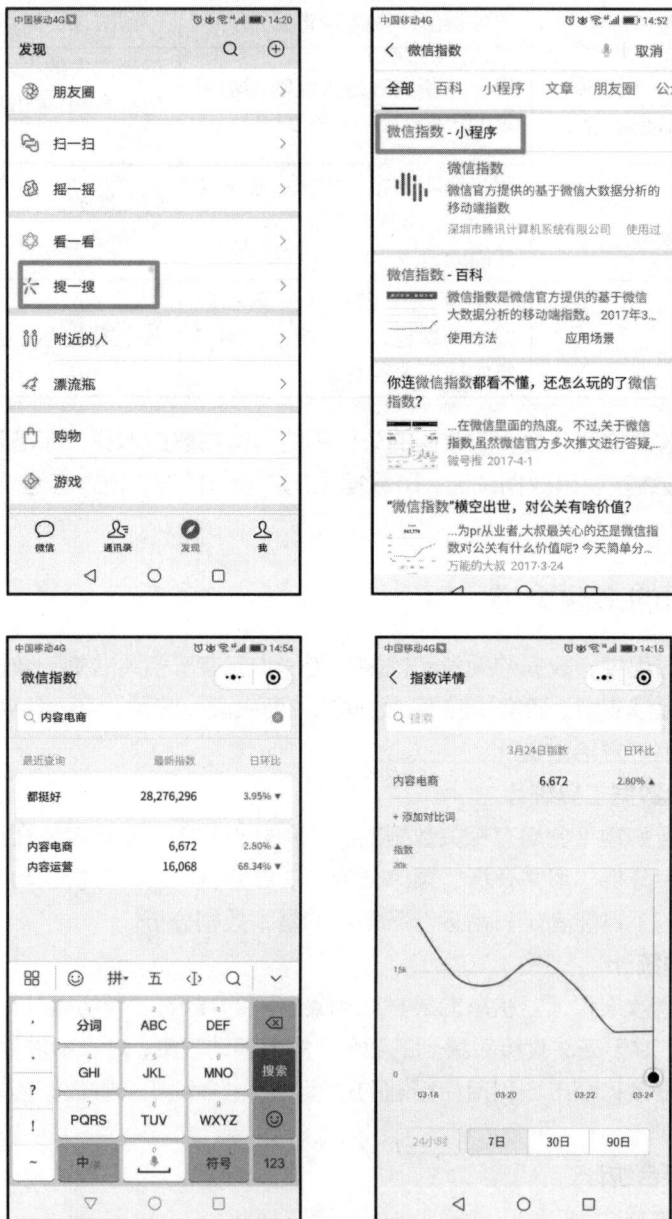

图 8-7　微信指数示例

利用微信指数还可以对两个或多个相关词汇进行对比，如图 8-8 所示，可以添加对比词并进行两个词之间的数据比对。

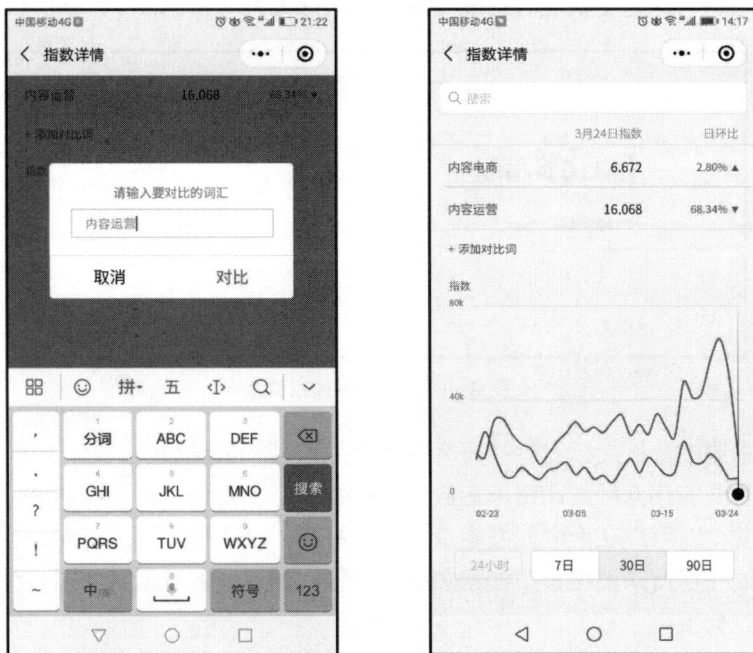

图 8-8 微信指数对比词示例

微信指数通过微信移动端的信息源进行大数据的分析，能让内容运营者及时追踪热点、评估内容的效果、间接获取用户的兴趣点及变化情况。其主要的应用价值如下。

① 捕捉热词，显示趋势

微信指数整合了微信上的用户搜索和浏览行为的数据，基于对海量数据的分析，可以形成当日、7 日、30 日以及 90 日的"关键词"动态指数变化情况，方便运营者看到某个词语在一段时间内的热度趋势和最新指数动态。

② 监测舆情动向，形成研究结果

微信指数可以提供社会舆情的监测，能实时了解互联网用户当前最为关注的社会问题、热点事件、舆论焦点等，方便政府、企业对舆情进行研究，从而形成有效的舆情应对方案。

③ 洞察用户兴趣，助力精准营销

微信指数提供的关键词的热度变化，可以间接帮助运营者获取用户的兴趣点及变化情况，如日常消费、娱乐、出行等，从而对品牌企业的精准营销和投放形成决策依据，也能对品牌投放效果形成有效监测、跟踪和反馈。

不过，目前微信指数还是一个尚未成熟的小程序，接下来会慢慢优化改善。微信官方也希望通过这个小程序帮助企业或自媒体完成更精确化的营销。

（2）百度指数

百度指数是以百度海量用户行为数据为基础的数据分享平台。百度指数能够告诉用户：某个关键词在百度的搜索规模有多大，一段时间内的涨跌态势和相关的新闻舆论变化，关注这些词的用户是什么样的、分布在哪里、同时还搜索了哪些相关的词，帮助运营者优化数字营销活动方案。百度指数主要围绕着关键词搜索趋势、洞察用户兴趣和需求、监测舆情动向、定位受众特征进行特定分析，可以清晰反映市场某一关键词的动向，让内容的定位方向更进一步精准，创作的内容更受欢迎。百度指数搜索页面如图 8-9 所示。

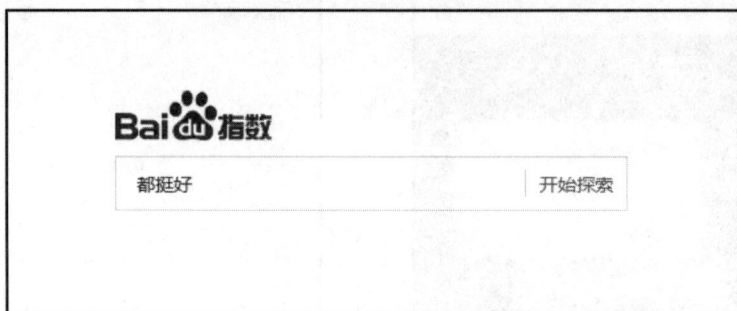

图 8-9　百度指数搜索页面

百度指数主要的分析指标有趋势研究、需求图谱和相关性分类。

趋势研究主要有搜索指数和资讯指数。搜索指数是指互联网用户对关键词搜索关注程度及持续变化情况，以用户在百度的搜索量为数据基础，以关键词为统计对象，科学分析并计算出各个关键词在百度网页搜索中搜索频次的加权。图 8-10 所示为使用百度指数搜索"都挺好"一词的趋势图。

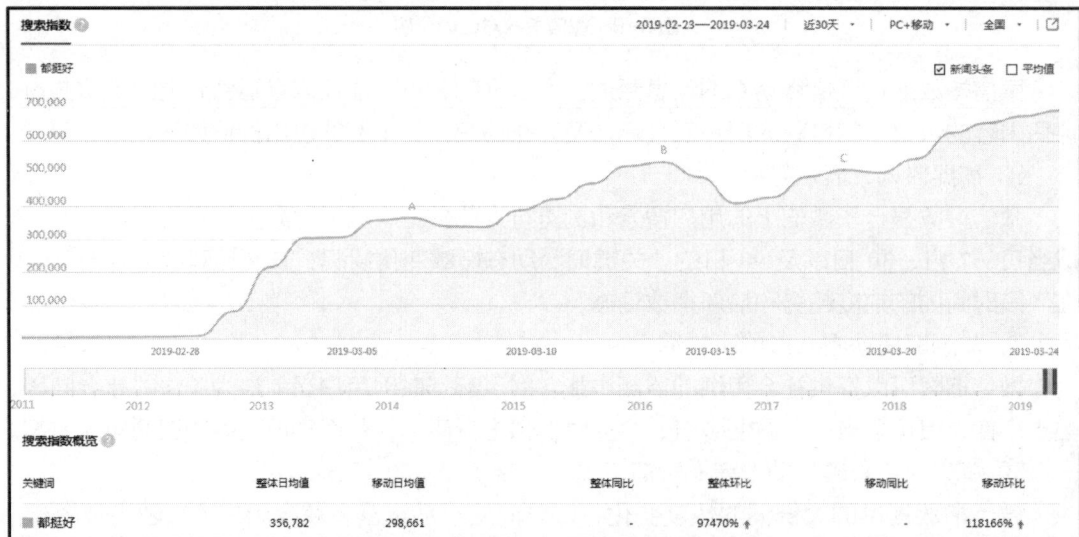

图 8-10　"都挺好"一词的百度指数趋势图

搜索指数概览是指关键词所选时间段的总体搜索指数表现。日均值是指一段时间内搜索指数日均值；同比是指与去年同期的同比变化率；环比是指与上一个相邻时间段的环比变化率。

资讯指数显示新闻资讯在互联网上对该关键词的关注及报道程度、持续变化情况；资讯指数以百度智能分发和推荐内容数据为基础，将用户的阅读、评论、转发、点赞、不喜欢等行为的数量加权求和得出。图 8-11 所示为使用百度指数搜索"都挺好"一词的资讯指数图。

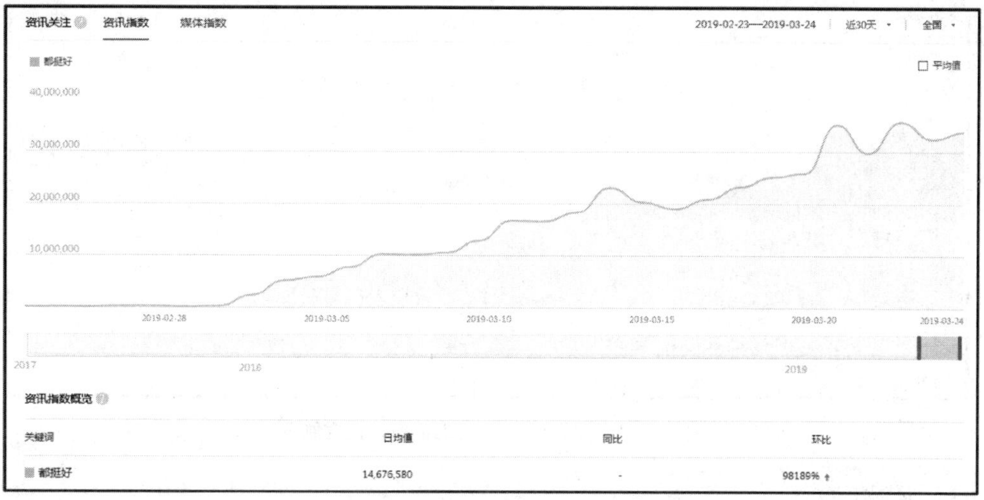

图 8-11　"都挺好"一词的资讯指数

　　资讯指数概览显示该关键词所选时间段的总体资讯关注表现。日均值为一段时间内资讯指数（或媒体指数）日均值；同比是指与去年同期的同比变化率；环比是指与上一个相邻时间段的环比变化率。

　　需求图谱主要包括关键词图谱和相关性分析。需求图谱指用户在搜索该词前后的搜索行为变化中表现出来的相关检索词需求。需求图谱数据是通过综合计算关键词与相关词的相关程度，以及相关词与自身的搜索需求大小得出的。相关词距圆心的距离表示相关词与中心检索词的相关性强度；相关词自身大小表示相关词自身搜索指数的大小，图 8-12 所示为"都挺好"一词的需求图谱。

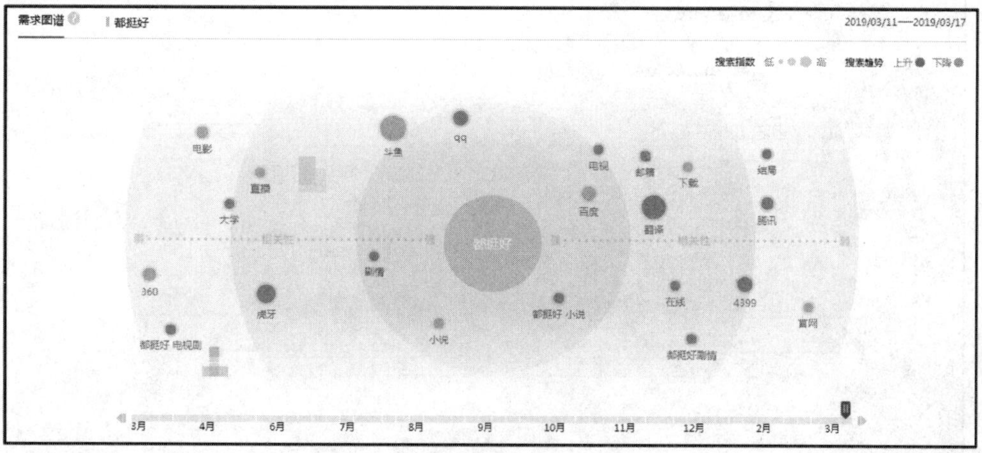

图 8-12　"都挺好"一词的需求图谱

　　相关性分类显示的是，细分搜索中心词的相关需求中，来源词（用户在搜索中心词之前还有哪些搜索需求）、去向词（用户在搜索中心词之后还有哪些搜索需求）、最热门词及上升最快词有哪些，图 8-13 所示为"都挺好"一词的相关性数据展示。

　　人群画像数据是指搜索该关键词的用户的基本属性信息，包括地域分布、年龄、性别等基本属性信息，主要为分析者提供目标用户的基本信息。

图 8-13　"都挺好"一词的相关性数据展示

（3）阿里指数

阿里指数是阿里巴巴出品的基于大数据研究的社会化数据展示平台，内容创作者、市场研究员及其他希望了解阿里巴巴大数据的人可以从这里获取以阿里电商数据为核心的分析报告及相关地区的市场信息。阿里指数基于阿里大数据，面向媒体、机构和社会大众提供地域和行业角度指数化的数据分析、数字新闻说明、社会热点专题发现，可作为市场及行业研究的参考。

截至目前，阿里指数的功能有行业大盘、属性细分、采购商素描、阿里排行四个方面。

行业大盘主要包括淘宝和 1688 采购指数、热门行业、潜力行业等，通过对淘宝采购、阿里采购以及供应指数的对比变化，可帮助运营者分析市场的走向并且预测接下来的市场行情，做好相应的准备。图 8-14 所示为"日用百货"某时间段内的行业大盘数据。

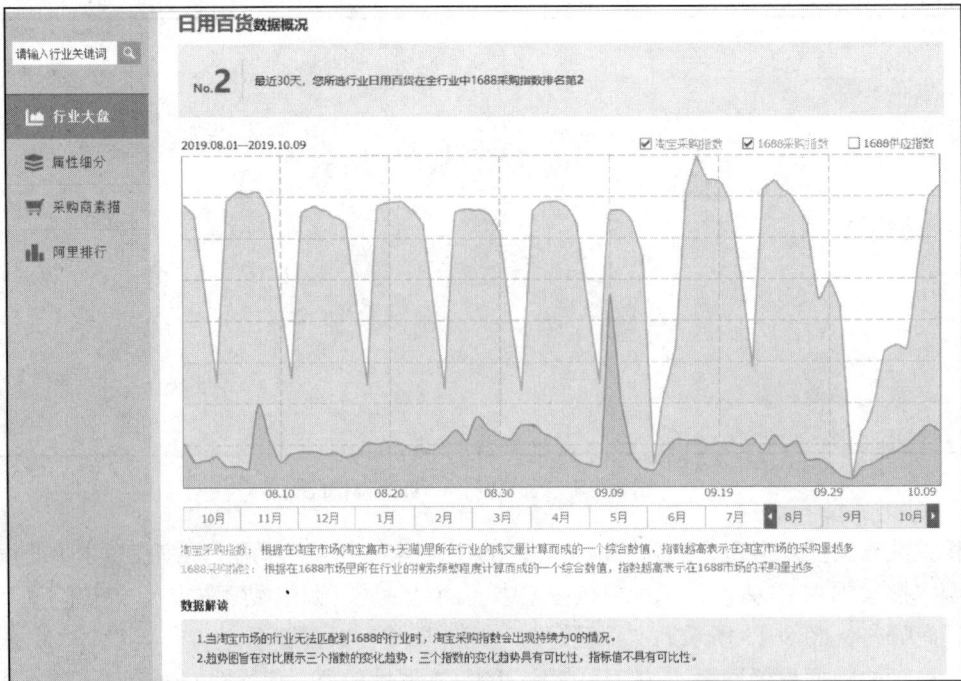

图 8-14　"日用百货"某时间段内的行业大盘数据

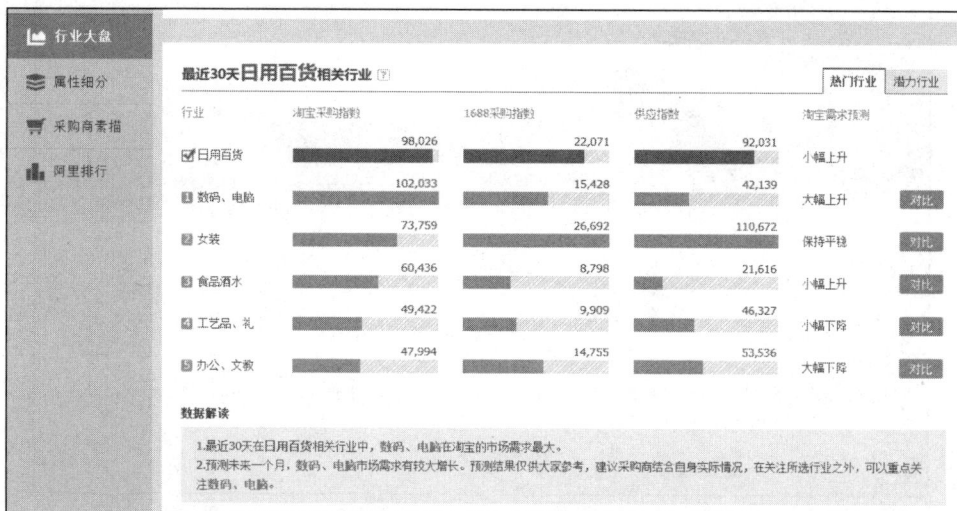

图 8-14　"日用百货"某时间段内的行业大盘数据（续）

　　属性细分主要是针对行业内细分产品的相关数据进行展示和浏览，包括细分产品的基础属性相关的数据、热门营销属性相关的数据以及价格带分布数据。图 8-15 所示为"日用百货"行业的细分产品"保鲜盖"的相关数据。

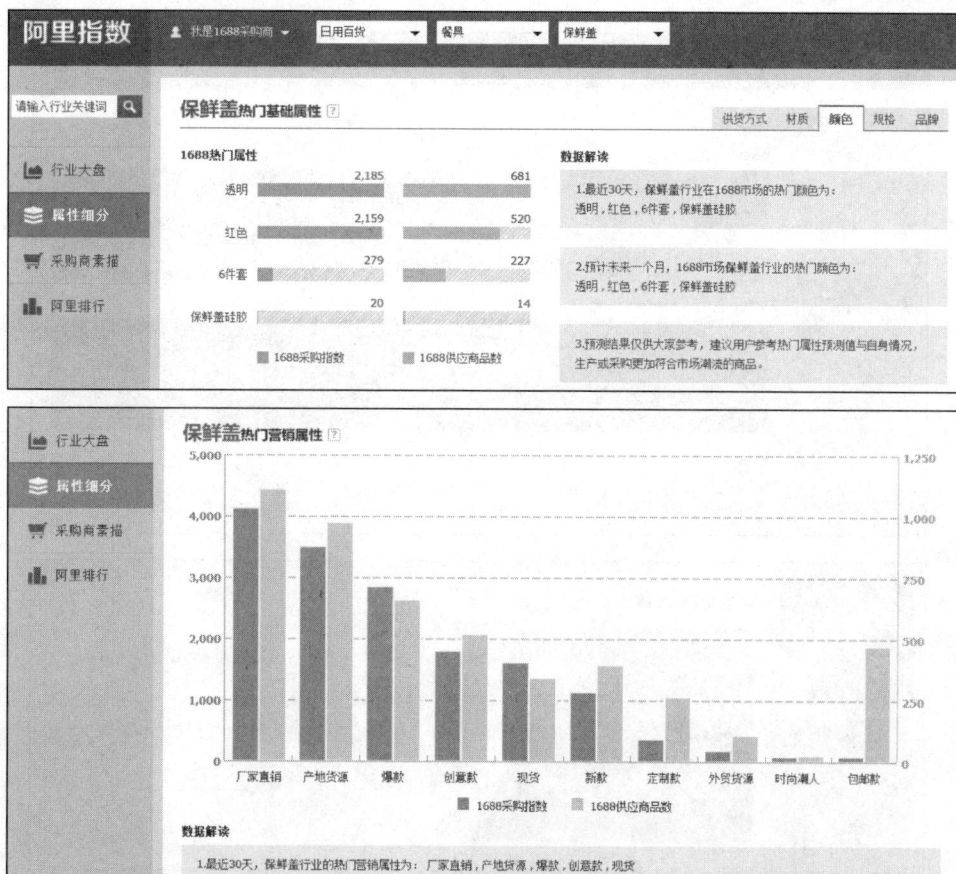

图 8-15　"日用百货"行业的细分产品"保鲜盖"的相关数据

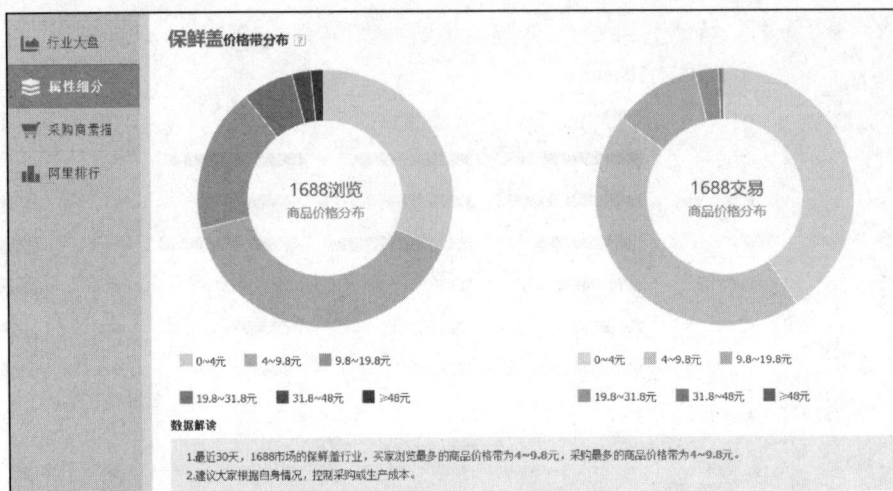

图 8-15 "日用百货"行业的细分产品"保鲜盖"的相关数据（续）

我们通过采购商素描这一功能可以洞悉某行业或某细分领域的采购商的相关数据，包括采购商身份、采购客单价和采购关联行业。其中，采购商身份还分别包含新采购商和老采购商、淘宝店主和非淘宝店主的数据。图 8-16 所示为"日用百货"行业"厨房整理"类产品某时段的采购商素描。

图 8-16 "日用百货"行业"厨房整理"类产品某时段的采购商素描

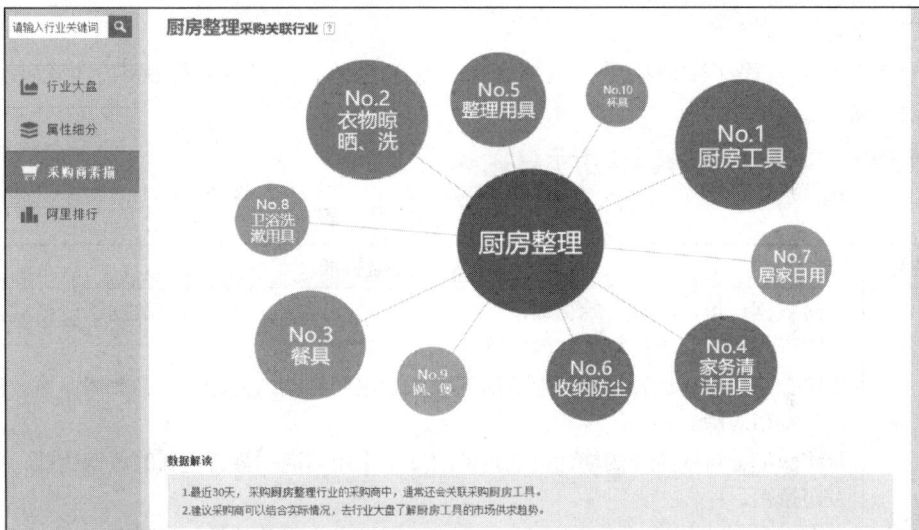

图 8-16　"日用百货"行业"厨房整理"类产品某时段的采购商素描（续）

　　阿里排行主要包含搜索排行榜、产品排行榜、公司排行榜、企业官网排行榜。图 8-17 所示为"日用百货"行业"厨房整理"产品的搜索排行榜。

图 8-17　"日用百货"行业"厨房整理"产品的搜索排行榜

　　阿里指数的数据支持是基于阿里系平台的信息流的，对内容运营者来讲，它更多的是透析行业类、市场类的动向和趋势，是内容运营者做定位分析和产品分析的工具。

　　（4）清博指数

　　清博指数是目前国内较大的第三方"两微一端"（微信、微博、App）数据库、新媒体大数据平台，是运营新媒体的利器，可以提供的数据服务包括指数评估、行业分析、舆情报告、营销推广、数据新闻等。

清博指数目前收录了微信榜单、微博榜单、头条榜单、政务百家号榜单、网红榜单、微信授权榜单等。

各个榜单的数据解读如表 8-2 所示。

表 8-2　榜单数据解读表

榜单名称	相关数据解读
微信榜单	日榜数据：每日凌晨开始更新前一日的公众号阅读数、在看量等数据，更新截止时间为中午，期间会进行数据计算和统计，下午发布日榜。 周榜数据：周榜统计周期为上周日到周六，采用周期内最近更新的数据计算，每周日下午发布周榜。 月榜数据：月榜统计周期为自然月的时间，采用周期内最近更新的数据计算，每月初发布月榜。 发布次数/篇数：该公众号周期内发布次数和发布文章的篇数。若展示为"5/10"，则表示该公众号共发布了 5 次（部分账号可发布多次文章），累计 10 篇文章。 总阅读数：该公众号周期内发布的所有文章阅读数总和。 头条阅读数：该公众号周期内发布的头条文章阅读数总和。 平均阅读数：该公众号周期内所有文章阅读数的平均值。 总看数：该公众号周期内所有文章在看数总和
微博榜单	日榜数据：每日凌晨开始更新微博的转赞评等数据，下午发布榜单。 周榜数据：周榜统计周期为上周日到这周六，采用周期内最近更新的数据计算，每周日下午发布周榜。 月榜数据：月榜统计周期为自然月的时间，采用周期内最近更新的数据计算，每月初发布月榜。 发博/原创：数据为发微博的总数和原创微博数。若展示为"39/35"，表示时间段内发微博 39 条，其中 35 条为原创微博。 转发数：该微博号周期内发布的微博被转发的次数。 评论数：该微博号周期内发布的微博评论数。 原创转发数：该微博号周期内原创微博被转发的次数。 原创评论数：该微博号周期内原创微博的评论次数。 总点赞数：该微博号周期内所有微博的总点赞数
头条榜单	发文量：该头条号周期内发文总数。 总阅读数：该头条号周期内发布的所有文章阅读数总和。 平均阅读：该头条号周期内发布的所有文章阅读数的平均值。 总评论数：该头条号周期内发布的所有文章的评论数总和。 平均评论数：该头条号周期内发布的所有文章评论数的平均值。 上传量：该头条号周期内上传视频的数量。 总播放量：该头条号周期内视频播放量的总和。 播放率：该头条号周期内视频播完的数量和总播放量之间的比例。 转发数：该头条号周期内视频的转发数量。 评论数：该头条号周期内视频的评论数量

续表

榜单名称	相关数据解读
政务百家号榜单	影响力：该百家号周期内发文的覆盖面和传播力，包括影响总人数、总阅读数、最高阅读数、平均阅读完成率、篇均阅读数等。
	活跃度：该百家号周期内发文的活跃度（活跃天数和日均发文量），包括日均发文量和发文天数等。
	互动度：该百家号周期内所发文章的内容原创性和受众认可度，根据客观可抓取数据评价，包括日均点赞数、篇均点赞数等
网红榜单	传播力：主要考核网红在微博、微信和主流视频平台发布内容的传播情况，通过阅读数、转评数、提及量等流量数据来量化。
	影响力：评价网红在各大网络平台的人气和网络关注度，主要通过网红粉丝数、网民关注度、新闻关注度等指标量化评估
微信授权榜单	日榜数据：每日凌晨开始更新前一天的数据。
	周榜数据：周榜统计周期为上周日到这周六，采用周期内最近更新的数据计算（最高为7天），每周日下午发布周榜。
	月榜数据：月榜统计周期为自然月的时间，采用周期内最近更新的数据计算（最高为7天），每月初发布月榜。
	发布次数/篇数：该公众号周期内发布次数和发布文章的篇数。若展示为"5/10"，则表示该公众号共发布了5次（部分账号可发布多次文章），累计10篇文章。
	阅读数：该公众号周期内发布的所有文章阅读数总和。
	分享数：该公众号周期内发布的所有文章分享数总和。
	收藏数：该公众号周期内发布的所有文章收藏数总和。
	留言数：该公众号周期内发布的所有文章留言数总和。
	净增粉丝：该公众号周期内净增粉丝量。
	朋友圈分享/阅读：该公众号周期内发布的所有文章分享到朋友圈的次数和朋友圈的阅读数，若展示为"13/905"，则表示公众号周期内所有文章分享至朋友圈的次数为13次，朋友圈阅读数为905

其中，根据微信官方政策，清博指数所展示的公众号阅读数为前台显示数据，超过10W后均显示为10W+，与公众号管理后台显示的阅读数据可能不一致；授权榜单均采用微信公众号后台数据，微信后台数据与前台数据有一定的差异。

清博的数据产品在数据采集、行情了解、工具使用等方面为内容运营者提供了庞大的数据支持，是数据运营者不可或缺的大数据工具。

除了以上讲到的数据采集和分析用到的第三方工具，还有几种常见的数据来源渠道，这里不再一一详述，具体如表8-3所示。

表8-3　其他第三方数据来源渠道表

数据来源	定位	提供服务
西瓜数据	专业的新媒体数据服务提供商，系统收录并检测超过300万个公众号，每日更新500万篇文章及相关数据	公众号诊断、阅读数监控、公众号雷达

续表

数据来源	定位	提供服务
新榜	内容产业服务平台，最早提供微信公众号内容数据价值评估的第三方机构，对超过 35 万个有影响力的优秀账号进行每日固定监测，据此发布微信公众号影响力排行榜，有超过 20 个细分内容类别的行业榜和超过 30 个省市区的地域榜	微信数据情报分析、垂直行业新媒体咨询评估、口碑舆情监测、集群新媒体运营咨询评估、数据甄别评估认证
头条指数	头条指数是今日头条算数中心推出的一款数据产品。作为内容生产、传播、营销、舆情监控的重要工具，头条指数致力于用数据服务个人和机构，提供丰富及时的数据维度；其基于今日头条平台的大数据分析，反映出用户在智能分发下的阅读及互动行为	热点追踪、数据报告、舆情分析、关联分析、人群画像
新浪舆情通	以中文互联网大数据及新浪微博的独家官方数据为基础，7×24 小时不间断采集新闻、报刊、政务、外媒、微博、微信、博客、论坛、视频、网站、客户端等全网 11 大信息来源，每天采集超过 9000 万条数据	舆情监测、舆情预警、大数据分析、简报报告

8.3　不同内容下的数据分析

内容的最终目的是为营销服务，不同的营销目的也需要不同侧重点的数据对比。总结来说，内容运营的目的离不开拉新、留存、促活和转化，而运营者面对不同目的的内容进行数据分析时，也需要不同的分析思路和侧重点。

8.3.1　拉新内容数据分析

拉新即引流，内容运营者通过内容让更多的用户成为粉丝。对内容运营者来说，拉新的工作是比较常见的，因为只有拥有了新的用户，才能进行用户的沉淀和转化。由于拉新的直接效果就是让用户变成粉丝，所以拉新的内容多为兴趣类、利益类内容，这样有利于提高拉新的整体效果。考核这类内容的拉新效果，可以从内容带来的增量效果考虑，如新增粉丝数、阅读量、阅读时常、分享量等，同时也需要考虑多平台之间的投放对比。

8.3.2　留存、促活内容数据分析

留存即提升用户黏性，目的是通过内容提高用户对平台的依赖度和认可度。粉丝的数量固然重要，但是粉丝的质量也非常重要，只有黏性高的粉丝，后期才有更多的机会做转化。促活就是提高粉丝的活跃度，内容运营者通过一系列的内容或活动让粉丝转动起来，粉丝有活性了，说明粉丝本身是有价值的，也说明对粉丝的运营是有效果的。粉丝的活跃度越高，

后期转化成功的概率也越大。因此，内容运营者对粉丝的留存和促活运营也是日常工作中的重要内容。而留存和促活的内容多是价值型和互动型的内容，目的是提高粉丝的活跃度和黏性，所以，内容运营者对留存和促活内容的效果分析，可以从内容的点赞数、留言数、互动参与人数、转发数、分享数等相关数据进行分析和对比。

8.3.3　转化内容数据分析

转化也是内容运营的最终目标。拉新、留存、促活的最终目的是为了转化，但是转化的效果也受拉新、留存、促活效果的影响。只有前期的拉新、留存和促活运营工作成功了，才会有后来的转化效果。所以转化类的效果除了受转化内容本身的影响，与前期的拉新、留存、促活的整体内容运营有很大关系。对于转化类的内容，运营者要分析其效果，可以从转化率、点击率、分享数、购买数、页面浏览时长、销售额等方面的数据进行相关性分析。

8.4　内容评价的步骤

在对某个内容或者某时间段内的内容进行数据分析、内容评价时，其实就是明确目的、数据采集、数据处理、数据解析、再定位、再规划、再创作的过程。数据分析并不是目的，而是帮助内容运营者发现问题，从而对内容进行重新修订。

8.4.1　明确目的

总体上来说，对内容的数据分析是为了帮助运营者更准确地评估内容的质量和效果，以便更好地调整或制订内容运营计划。具体到运营的方向来讲，数据分析的目的一般有评价效果、查找问题、预测结果。评价效果可以依据内容的目的进行不同侧重点的分析，如对拉新内容的效果分析、对留存和促活的效果分析、对转化的效果分析，可重点对内容带来的增量进行效果分析。查找问题一般是对某个时间段或者某一类内容进行横向和纵向的对比分析，以期通过数据的变化找到问题或问题的根源，为解决问题提供依据。预测效果则是对已经上线的内容进行后续效果的预测，是基于初步效果的数据对内容效果的判断，方便运营者对内容的后续调整或规划找准方向。

8.4.2　数据采集

明确了数据分析的目的之后，就很清楚需要采集哪些数据了，可以将分析目标进行一一罗列，按照所需数据的名称、分类、时间范围等有针对性地对相关数据进行采集和挖掘。例如，想将这次的内容营销的效果与上次内容营销的效果进行比较，则可以重点采集和分析这两次内容的相关数据。在数据采集的过程中，有些数据是可以直接在运营平台的后台得到的，如访问量、阅读时长、粉丝画像、点击量、点赞数、转发数等，但是有些数据需要手动统计和汇总，如活动次数、粉丝分类、内容分类、粉丝特性、问卷调查数据等。所以，内容运营者在平时的工作积累中，需要养成一个积累数据和记录信息的习惯，以便后期做数据分析时进行参考。

8.4.3 数据处理

数据处理是对收集到的数据进行加工、整理，形成适合分析的格式，是数据分析解读前不可缺少的步骤。因为内容运营的对象一般是多题材、多目的型的内容，又加上内容投放的平台不是单一的，所以采集到的第一手数据可能存在繁杂、重叠、多余的情况，在进行分析之前，往往需要对数据进行处理和加工。主要的处理动作有数据剔除、数据合并、数据组合。数据剔除主要是去掉重复数据、删除无效数据，同时也要补齐缺失数据；数据合并主要是对某些分析内容或目的一致的数据进行合并，提取出新的利于分析的字段，如从身份证号码里提取出生年月；数据组合主要是对多项数据的重新配对，如将各个平台或各个内容转化的数据进行组合、将属于用户基本属性的数据进行归类组合。

数据的处理工作并不是只需要在采集之后进行，有些数据在初期采集的时候就需要进行基础的处理。例如，某店铺的目标用户年龄是 25～35 岁，当分析该店铺的用户平均年龄时，如果只是简单地用所有用户的年龄总和除以用户总数，得出的平均年龄并不一定准确，可以通过 Excel 表格筛选的方式将明显不是目标用户年龄段的人筛选出来。又如，65 岁以上和 15岁以下的，如果 65 岁以上的占比较大，那得出的平均年龄就不够准确了。所以在数据统计前期，就需要将明显不是目标用户的剔除掉，避免后期进行数据处理时结果不准确。

8.4.4 数据解析

数据解析的过程是查找问题或解决方法的过程，所以要时刻明确前期的数据分析的目的。进行具体数据的解读，需要结合解读的目的选择适当的分析方法和工具。数据的解读就是要从处理好的数据中提取有价值的信息，并得出相关结论。数据的解读也是数据分析过程中最为重要的一步，可以说，数据分析的目的是找到问题，解决问题。解决问题的前提是要明确问题是什么，而解读的目的就是为了找到问题。

很多电商从业者将数据分析的工作停留在数据统计上，没有数据解读的数据统计是没有任何意义的。数据解读是需要运营者除了掌握基础的解读方法之外，还需要具备敏锐的观察力和善于发现的视角。所以，内容运营者在平时的内容运营过程中，除了需要具备创新的思维，创作出更多的优质内容之外，还需要有着善于发现问题的解读思维。图 8-18 所示为某天猫店铺微淘的粉丝画像，可以看出，该店铺的粉丝和成交用户主要年龄为 25～29 岁，而读者的年龄多聚集在 18～24 岁，说明该店铺的微淘的内容需要做调整，应重点维护粉丝和成交用户群体，提高 25～29 岁的读者转化率。

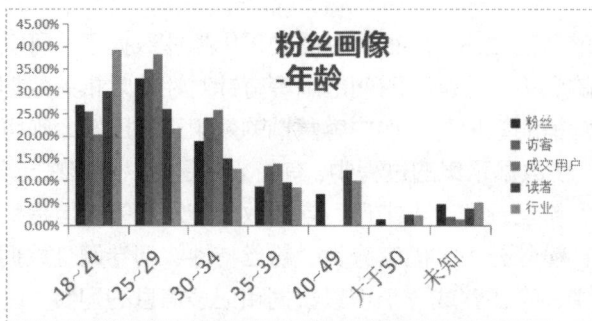

图 8-18 某天猫店铺粉丝年龄数据

8.4.5　再定位、再规划、再创作

内容的定位和规划不是一成不变的，除了需要根据外界的环境和变化及时做出调整，还需要根据内容评价的结果进行校准或调整。而数据分析就为内容的再定位、再规划和再创作提供了依据。所以，内容评价的目的并不是简单地判断运营的效果，最核心的是为内容运营的调整提供依据。在对数据进行解析之后，重新对后续的内容进行再定位、再规划、再创作，使内容的运营在数据分析的支持下实现一个良性的循环运营之路，如图 8-19 所示。

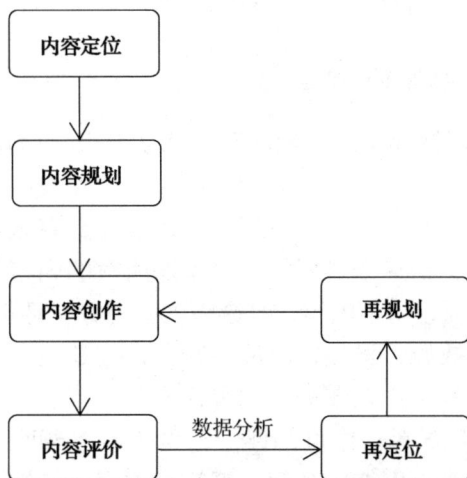

图 8-19　内容评价循环示意图

一般情况下，数据分析是在内容投放了一段时间后进行的，在对内容进行了数据解析后，常见的主要问题如下。

（1）内容跟前期定位的匹配度不高。主要的数据体现有阅读量低、阅读时间短、整体数据差。这时需要考虑两个问题：定位是否准确、内容是否是根据定位和规划进行的创作。运营者需要对定位进行进一步的核查和校准工作，或者检查内容的创作过程是否按照前期定位和规划来进行的。

（2）内容质量不高。主要的数据体现有点赞数少、转发数少、互动人群少、转化率低等。如果内容与定位、规划都没问题，那么，数据指数低的原因可能是内容本身的质量不过关，这时需要对该内容的主题、主体、标题、架构、关键词布局、措辞等进行逐一核查。

（3）内容转化效果不好。这是很多内容运营者经常碰到的，也是较难解决的问题。通常体现转化效果不好的数据有点击数、阅读数、参与互动人数、购买人数等。造成转化效果差的因素有很多，如内容的创意、主题、形式、互动设计、语言风格等，都会直接影响内容的转化效果。此时，除了需要考虑内容本身的问题之外，还需要考虑整个内容的运营规划和设计逻辑是否有问题、该内容账号的运营规划是否有偏差。例如，是否价值类内容较少、转化内容过多；是否硬广太多，造成粉丝取关。

总之，数据分析就是为了实现内容的再定位、再规划、再创作的过程，是对内容的二次核查和校对。在数据分析的过程中，要重点找到导致数据有偏差的因素，从而进行精准的校准。

8.5　内容评价常见误区

内容评价是对内容效果的科学判断，科学判断的前提就是利用有效数据做正确评价，而在数据分析的过程中，由于受评价者主观经验、评价者重视程度、结果导向、数据准确度等因素影响，往往给数据分析工作带来一些困难和误区。

8.5.1　结果导向，忽略内容本身

内容运营不是做一场促销活动，促销活动在活动结束之后就能直接获知活动的效果。而内容运营者做的很多工作、创作的很多内容都属于隐性效果，短期内无法获知所做工作带来的转化效果，而非专业人士往往看到转化才认为是有效果。再者，内容运营本身就是一个效果累积的过程，在这个过程中，并不是所有的内容都是转化类内容，更多的是为了转化进行铺垫的拉新、留存内容，对这些内容的数据评价不能仅看它的转化效果，而应侧重拉新效果、留存效果，虽然暂时没有转化，但是只要对增加用户有帮助、对留住用户有帮助，就是好内容。所以在进行内容评价时，不能仅查看某些表面数据后就直接判定内容的优劣，不能只做单一维度的评价，要从综合层面、多维度对内容进行分析，更多地关注内容本身的价值。例如，节假日祝福类内容、通知类内容属于单向沟通类内容，只需要向用户传递内容就可以，但是不能因为它的阅读量不高、留言少就判断该内容的效果差。

8.5.2　只有数据罗列，没有深层次的问题挖掘

内容运营者能够了解数据分析的重要性，但是在实施的过程中，往往容易对数据分析的操作标准执行不到位，特别是没有运营经验的人，不知道数据分析从哪里做、怎么做，认为数据分析的工作仅仅是收集、罗列相关数据，或者只是将平台统计好的数据进行基础层面的解读，并没有将数据解析的工作做到位，更谈不上深层次问题的挖掘。这些属于不能透过现象看本质的问题。

例如，某店铺的目标用户是 40~59 岁年龄段的人群，但是推送内容的阅读者数据却显示 18~25 岁年龄段的人占比最大，就能说明推送内容的定位有问题，非核心粉丝感兴趣的内容需要做出调整。

数据本身并没有实际意义，它是如何得来的？它是何种原因造成的？它折射了运营的哪些问题？它又预示着什么样的未来？这些才是内容运营者应该关注的。

数据的深度解读也不是分析的终点，为了使问题能更加直接地暴露出来，更加方便地被解决，数据解读的结论尤为重要。数据解读的结论是深度解析数据的结果，数据解读者需要将数据问题转化为结论，以供后期对运营方案进行调整做依据，同时也是给非数据解读人员

一个比较直观、有信服力的参考结论。

图 8-20 所示为运动健身 App 的用户画像信息，根据该信息，可以得出该类人群的画像总结：用户群体在一二线城市占比较多，且偏年轻化。

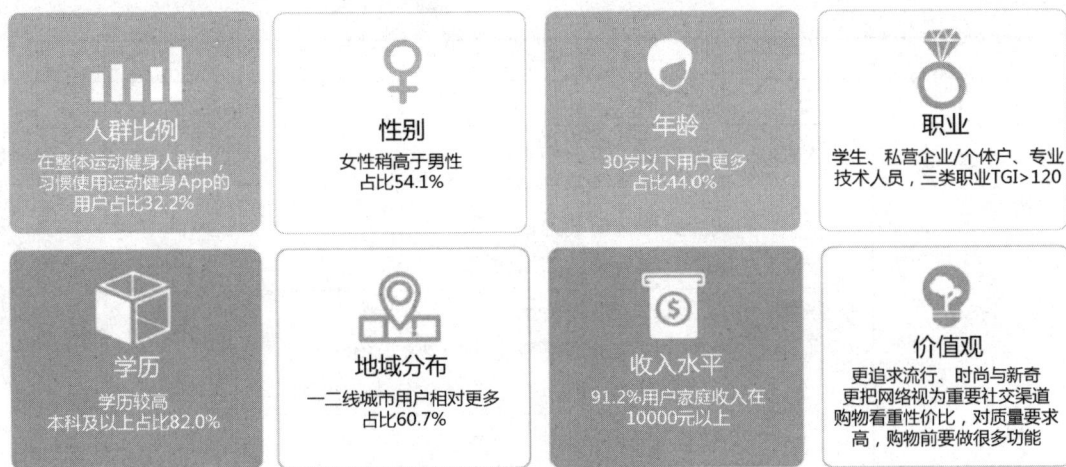

人群比例
在整体运动健身人群中，习惯使用运动健身App的用户占比32.2%

性别
女性稍高于男性
占比54.1%

年龄
30岁以下用户更多
占比44.0%

职业
学生、私营企业/个体户、专业技术人员，三类职业TGI>120

学历
学历较高
本科及以上占比82.0%

地域分布
一二线城市用户相对更多
占比60.7%

收入水平
91.2%用户家庭收入在10000元以上

价值观
更追求流行、时尚与新奇更把网络视为重要社交渠道购物看重性价比，对质量要求高，购物前要做很多功课

图 8-20　2018 年中国运动健身 App 用户画像

8.5.3　过多关注某个内容，没有对比分析

内容运营涉及多题材内容、特别时间段内容（如特别活动内容）、多平台内容、多目的性内容（拉新、留存、转化）等，容易给运营者造成各个内容之间的相互独立的错觉感受，导致在对某些内容进行数据分析的时候，只关注某个内容的实时效果，并没有将其融入总体效果中进行关联分析。数据的值是绝对的，但是分析的结果是相对的，只有将其跟其他内容数据进行对比，才能客观地判断该内容的真实效果。

内容固然是内容运营的核心，但是内容效果的优劣除了跟内容本身有关，也受很多关联因素影响，如平台、时间、IP 辨识度（对内容账号的已定认知）、横纵向内容（与某内容相关的关联内容）等因素。而内容运营的效果需要长期的内容积累，非短期临时性的工作，所以，内容运营的数据分析不能单一地分析内容本身，也需要进行关联分析、对比分析和阶段性分析。由此可见，数据分析不是某个时刻需要做的，而是贯穿在整个内容运营过程中的。

思考与练习

（1）内容评价的作用是什么？

（2）内容评价为什么要做数据分析？

（3）数据可以从哪些渠道获得？有哪些分类？

（4）内容评价有哪些误区？

（5）你认为什么样的内容是有效果的？

本章任务书

任务书 8.1	
学习领域	数据分析、内容评价
学习目标	知识目标：了解数据分析的重要性 　　　　　掌握什么是内容评价 　　　　　掌握数据分析的方法 　　　　　掌握内容评价的基本流程 技能目标：能做基本的数据分析 　　　　　能在数据分析的基础上进行数据评价 　　　　　能在内容评价的基础上调整优化内容规划 素养目标：掌握分析问题的基本方法 　　　　　掌握团队合作的重要性

姓名：	班级：		学时：

任务背景

以下为某天猫店铺的部分数据：

粉丝购买力分析		
	粉丝	非粉丝
客单价	268.69	247
转化率	3.57%	0.88%

购买人数		
	占比	人数
粉丝	0.33%	30
未支付粉丝	99.67%	8938
总		8968

购买金额		
	占比	金额
粉丝	53.00%	8335452.475
非粉丝	47.00%	7391816.345
总		15727268.82

性别	粉丝	访客	成交用户	读者数据
男	14.49%	13.69%	15.67%	11.59%
女	85.51%	83.58%	81.67%	88.41%
未知		2.73%	2.66%	

年龄	粉丝	访客	成交用户	读者数据
18~24	10.68%	13.66%	7.51%	18.30%
25~29	22.99%	17.79%	12.27%	20.00%
30~34	23.65%	20.95%	20.39%	19.12%
35~39	18.46%	17.61%	23.52%	15.54%
40~49	19.76%	21.15%	28.13%	19.10%
大于50	3.67%	4.89%	5.18%	3.62%
未知	0.78%	3.94%	3.00%	4.32%

续表

任务书 8.1	
任务要求	请根据任务背景里的数据，回答以下问题： 1. 要是让你分析以上数据，你打算对数据做如何处理？ 2. 请说出以上数据所代表的问题或含义。 3. 如果让你根据以上数据做内容规划，你有什么想法？
提交形式	PPT
考核标准	1. 对数据进行处理 2. 能说出数据代表的含义或反映的问题 3. 规划报告言之有理
实施过程	
成果展示	
任务反馈	